厦门市教育基金会 编著

爱心永恒

——厦门市教育基金会的三十三年

献给伟大的中国共产党成立一百周年

主　编　潘世建
副主编　郭庆俊
编　委　谭南周（执行）
　　　　谢婉丽
　　　　陈　申

厦门大学出版社 XIAMEN UNIVERSITY PRESS
国家一级出版社
全国百佳图书出版单位

图书在版编目(CIP)数据

爱心永恒:厦门市教育基金会的三十三年/厦门市教育基金会编著.—厦门:厦门大学出版社,2021.6

ISBN 978-7-5615-8259-6

Ⅰ.①爱… Ⅱ.①厦… Ⅲ.①教育经费—基金会—概况—中国 Ⅳ.①G526.722

中国版本图书馆 CIP 数据核字(2021)第 119638 号

出 版 人 郑文礼
责任编辑 曾妍妍 廖婉瑜
封面设计 蔡炜荣
技术编辑 朱 楷

出版发行 厦门大学出版社
社 址 厦门市软件园二期望海路 39 号
邮政编码 361008
总 机 0592-2181111 0592-2181406(传真)
营销中心 0592-2184458 0592-2181365
网 址 http://www.xmupress.com
邮 箱 xmup@xmupress.com
印 刷 厦门集大印刷有限公司

开本 720 mm×1 000 mm 1/16
印张 16.5
插页 1
字数 242 千字
版次 2021 年 6 月第 1 版
印次 2021 年 6 月第 1 次印刷
定价 56.00 元

本书如有印装质量问题请直接寄承印厂调换

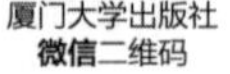

厦门大学出版社
微博二维码

前　言

◎ 潘世建

2021 年 7 月 1 日，伟大的中国共产党成立 100 周年；2021 年 9 月，厦门市教育基金会创建 33 周年。为了真实地记述基金会的慈善历程，真诚地向党献上心香一瓣，我们编印了专著《爱心永恒》。

编印《爱心永恒》的意愿一发布，得到广泛的响应与支持，来稿众多，角度多样，内容充实，充满着对党的深情与忠诚，对基金会的关心与呵护。我们从中选择 100 篇文章，献给伟大的中国共产党百年华诞。

《爱心永恒》的文章作者，主要是参与、支持、帮助基金会创立与发展的省市级老领导，在基金会担任过领导职务或工作过的老同志，在基金会设立专项基金、资金，为教育基金的稳步发展做出贡献的单位与爱心人士，受过基金会奖助的师生及他们的所在单位，厦门对口支持湖北宜昌受到资助的学生。他们以自己的切身经历，从不同视角阐述了基金会 33 年的发展历程。

基金会的筹备成立得到习近平同志的支持，其发展受到市委、市政府领导与市教育局指导。沐浴着党的阳光，基金会坚持“爱心永恒”这个主题，走出了一条坚实的慈善之路。尤其是在抗震救灾与抗击新冠疫情期间的义举，以及扶助贫困大学生、大病教师的公益活动，更为社会各界注目和称赞。因此，基金会具有很高的知名度和社会公信力，成为在厦门市以至福建省都较负盛名的基金会，两度被评为福建省“5A 级社会组织”，为

“爱心厦门”建设，为推动厦门教育改革发展做出了应有的贡献。

本书的主要内容有：我会按照党的方针政策与国家的法律法规，坚持“物质资助与人文关怀并重”的理念，开展大量有效的工作，取得可喜的成绩；社会各界爱心人士树立“捐赠教育是最佳的慈善选择”的理念，大力支持基金会开展的大量慈善行为；多年来受到基金会奖励与资助的师生表达感激之情，发出自己的心声。

不忘初心，牢记使命。厦门市教育基金会将认真学习习近平新时代中国特色社会主义思想，坚决贯彻习近平同志在今年全国两会期间关于教育改革发展的重要讲话精神，站在新一百年的历史交汇点，继续努力，为厦门慈善事业与教育事业做出新的成绩。

2021年3月30日

（潘世建，厦门市人民政府原副市长、市政协委员会原副主席，厦门市教育基金会理事长）

目 录

CONTENTS

第一部分

第二部分

第三部分

第四部分

第五部分

第六部分

第一部分

习近平同志与厦门市教育基金会

◎ 王金水

厦门市教育基金会有今天，主要是三大元素。第一是市委、市政府的关心支持。第二是我们厦门献爱心蔚然成风。有个偶然机会，我碰到上海市教育基金会会长陈铁迪，他是我的同学。我问他，上海市教育基金会现有的资产是多少，他说有 5 个多亿。我心里想，厦门就像上海的一个区，我们这个区的教育基金会的资产就有 2 亿 5000 多万。第三是有一大批离退休的老同志，他们用善心来弘扬正能量，在教育基金会长期做义工。他们明明知道今天到基金会来做奉献，不可能增加个人收入，深知来这里只为社会不为个人，竟义无反顾地三十年如一日。因此我想，美丽厦门，最美的风景是人。

这些老人一届接一届，一班接一班。理事长也好、副理事长也好，工作人员也好，都是从领导岗位退休的。他们深知名利是一时的，钱财是身外的，做人才是永久的。他们退休不褪色。好多优秀干部把退休生活作为人生的第二个春天，所以他们退休之后重新出发，这种心存高远的思想境界告诉我们，人生的高度不是地位，也不是金钱，更不是外在的包装，而是不凡的晚晴。

厦门市教育基金会有今天，我们还要感谢两个人。一个是习近平同志，另一个是何立峰同志。

基金会成立于 1988 年。之前几年，原市教委党组书记李永裕同志曾找我谈成立市教育基金会的事。我当时担任市委副书记、常务副市长，便把何立峰同志找来，他当时是市财政局局长。我问他，他表示很好，应该做。李永裕希望市政府拿 50 万元。我赞成。30 多年前，厦门的财政要拿 50 万不是那么轻松的。何立峰说："我回去筹划一下，过几天答复你。"

过了不久我就到市人大去工作，习近平同志来接我的常务副市长工作。我对他说，这 30 万作为教育基金会的托底资金。后来，习近平同志离开厦门到宁德工作，我跟几个同志去给他送行。他从袋子里还拿出一个本本来，告诉我，几件事都落实了，还有几件事没来得及落实，"但是 30 万我已经批了"。这说明他对成立基金会的事上心。他到宁德以后，有一次与我通电话，我就告诉他，我们厦门市教育基金会成立了，他很高兴，在电话里还告诉我，宁德也争取来成立这样一个基金会。

基金会的 30 年历程告诉我们，行善的路上是没有终点的。我相信，基金会新的 30 年依然是辉煌的。

（王金水，厦门市人大常委会原主任，厦门市教育基金会创会会长。这是在厦门市教育基金会成立 30 周年座谈会上的发言）

厦门市教育基金会诞生简记

◎ 蔡望怀

在40年前掀起的改革开放大潮中，有几股主流。其中之一就是教育体制的改革和教育事业的发展。为了适应经济特区迅速发展对人才的迫切需要，为了满足广大人民群众日益增长的教育、培训需求，我们必须倾力加大教育资源建设力度。20世纪80年代，市委、市政府采取许多重大举措，努力做到教育经费的"三个增长"——教育经费占财政支出的比例逐年增长，生均经费逐年增长以及教育经费中扣除人头经费之外的公用经费逐年增长。"三个增长"为教育事业稳定发展提供了基本保障。

然而，十年"文革"结束之后"百废待兴"，教育事业遗留下来的一些问题，特区人口迅速增长对"学位"更大的需求以及每当教育要兴办一些大事、要有一些创新之举的时候，教育部门和学校常会遇到经费不足的难题。于是，向社会各界寻求赞助逐渐成为解决难题的途径之一。实际上，自改革开放以来，捐资兴教助学正在逐渐形成一种风尚。就我所能忆及的，一中、二中、双十中学等学校都曾获取校友捐款，用于改造危房、兴建楼屋和添置实验仪器设备。港胞黄怡文先生（其妻为鼓浪屿人）直接向原市教委捐款，创办"秀德幼儿园"。美籍华人吴振声、黄淑玲伉俪先后多次为教师培训提供赞助，并向当时的厦门教育学院捐赠了价值人民币100多万元的图书。港胞王灿云女士也慷慨解囊，捐款港币200万元，成立奖学基金。还有，几位海内外人士也曾给鹭江职业大学捐过款，等等。这些事例说明，扶助教育事业，社会是有一定潜力的。

为了进一步发动社会力量传承和弘扬“嘉庚精神”捐资兴教，同时也为了让这种捐资更加公开透明、规范化并加强对资金的管理（包括“保值”）和统一调配使用，经过一段时间的酝酿筹备，1988年8月市政府决定成立“厦门市教育基金会”。与此同时，市政府特别提出“人民教育人民办，普及教育靠人民”的教育发展方略，鼓励社会力量为实现“普九”做出贡献，为振兴教育助一臂之力。市政府拨款人民币10万元作为基金会的启动基金，并正式发文号召机关干部开展“每人每月一元钱”的集资活动（当时公务员的平均工资在100元左右），支持“普九”。这一捐款，虽然数额有限（至1991年年底止，共筹得人民币411.2万元），却体现了愿为“普九”尽一份心、出一份力的精神，是对实施“普九”的一种鼓与呼，是对全社会协力兴教的一种召唤！实践证明，市政府的努力得到了回报。此后，全市掀起集资办学的热潮。社会各界，包括“三资”企业和港澳同胞、海内外社会贤达，纷纷解囊捐款，成立了近10个教育基金会。就连郊区农民，也兴起捐资助学之风，乡村出现了人人关心教育，积极改善办学条件的新气象。

厦门市教育基金会的“开局”，是有几分“热闹”和“轰动”效应的。然而，我们追求的并不是那种表面和形式的东西，而是要为基金会的生存和发展奠定扎实的基础——人民的肯定、社会的赞扬以及能够助力成就一番功业的资金经费。回顾往事，我们对所有在教育基金会的园地里倾心撒播种子、辛勤劳作耕耘的人们，心怀感念之情。岁月如流，如今，基金会已是进入“而立”之年，实力可观，业绩斐然，连续两次荣获“5A级社会组织”称号，令人倍感欣喜和振奋。我们期望并且相信，在习近平新时代中国特色社会主义思想的引领下，步入新时代的基金会必当不断开拓创新，勇毅笃行，为厦门办好人民满意的教育做出更大的贡献！

（蔡望怀，厦门市政协委员会原主席，厦门市教育基金会名誉会长。这是为厦门市教育基金会成立30周年而写）

基金会大有作为

◎ 庄亨浩

30年前，厦门市教育基金会刚刚诞生，还是个“娃娃”。而如今它已长大成为“青壮年”。张可同、李永裕、王榕、黄守忠、张亚梅、彭一万、陈恭椿、林华明等人为之做出了贡献。

张可同老市长当了两届基金会理事会理事长。退休前找我，希望我接理事长的工作。我对教育很有感情，当过中学老师、大学老师。认为基金会工作很有意义，就愉快地接受了，担任基金会第三届理事会理事长。

在基金会工作5年，与时任副理事长兼秘书长的守忠同志相处很好，经常讨论问题，交流意见，但没争论。这届结束后，我推荐了王榕，他当过分管教育的副市长，在市人大副主任位置上退了下来。因此我认为他适合做这件事。

30年间，市委、市政府非常重视基金会工作，历届理事会换届及一些重要活动，市级领导都会参加，有时是党政主官莅临。市教育局也十分关心支持，教育局历任局长都到过基金会，调研与解决问题。新闻媒体也非常支持，时有基金会的声音。希望篇幅更大一些，声音更强些。社会各界也十分关注，基金会与《海峡导报》联合开展的“帮我一把我能飞”爱心助学活动，十五六年来，每年都有上千人伸出热情之手。

基金会是大有作为的，具有良好的发展势头。今后怎么发展？我认为，基金会工作主要是3件事：一是筹募基金，使我们的资金盘子越来越大，可以拓展慈善行为，为教育做更多的事。二是管好基金，既要增值，又要规避风险，对捐赠人负责，征信于社会各界。三是用好基金，把资金用于奖助师生身上，尤其是对大病教师的资助，起到“雪中送炭”与“人文关怀”的作用。资助贫困大学生最有意义，让贫困大学生在校无“后顾之忧”，尽快学业有成，成为国家有用之才。

（庄亨浩，厦门市人大常委会原副主任，厦门市教育基金会第三届理事会理事长。这是厦门市教育基金会成立30周年座谈会上的发言）

在改革开放春风沐浴下成长

◎王　榕

厦门市教育基金会成立30年了，在改革开放的大潮推动下，基金会是一朵浪花，在党的阳光照耀下，发出耀眼的光芒。同时它又是一棵幼苗，在改革开放春风的沐浴下，不断地成长。

作为政府的助手，发展厦门教育，基金会做了很多工作，得到了社会的肯定。已经获得两次"5A级社会组织"称号，这是对我们工作成绩的褒奖，也是对我们工作精神的肯定。

我很荣幸在基金会担任两届理事长，工作了10年。人生中有几个10年，这是我值得怀念、值得追忆，也值得自豪的10年。在这团结、融洽、和谐的集体中，我工作得非常愉快，遇到困难的时候，大家一起克服，获得成功的时刻，大家一起欢乐。所以这10年是我非常愉快的10年。实际上我做的工作很少，主要还是几位常务副理事长、正副秘书长，还有办公室、负责理财的同志在做工作。所以我在这里要感谢他们对我工作的支持和帮助。

在基金会工作，有三点体会。第一点体会，厦门是一个有非常深厚底蕴的重视教育的城市，也是一个非常注重慈善、乐于奉献的城市，所以基金会是一个桥梁、是一个平台，既给社会各界支持教育提供了机会，同时也是一个很好的慈善事业。所以现在很多人认识到，资助教育是最好的慈善事业，这话很有道理。

第二点体会，我们既是助人，也在受教育。每次给那些原本没有机会上学的贫困学子开座谈会，听他们发自内心的感慨，感谢党和政府，感谢社会各界，我都非常感动，深受教育，有时候我是含着眼泪听他们发言。所以在教育基金会做事是一个非常好的工作，既帮助别人，也教育自己。

第三点体会，严格的管理和勤奋的工作是教育基金会成功的因素之一。多少年来我们阳光操作，兢兢业业，没有出过一次差错，可以说是零投诉。这和严格的管理是分不开的。

归根到底我想说，在教育基金会工作这10年，大大加深了我对教育的认识，教育是非常重要的事情。从小处来说，教人怎么做人，做一个自立、自强、自信，懂得爱国、掌握正确价值观的人。从大处来说，国家需要更多人才，特别是创新人才。要真正成为一个强国，实现中国梦，一定要大力发展科技，大力推进高端产业的发展，这就需要大量的人才。从更大处来说，人类需要传承，需要知识传承，这就需要掌握更多知识的年轻人。

（王榕，厦门市人大常委会原副主任，市教育基金会第四、第五届理事长。这是厦门市教育基金会成立30年座谈会上的发言）

一个颇具影响的慈善组织

◎ 陈金烈

厦门，我学习、生活、工作过的地方。在这块高颜值的热土上，有一个专以奖励、资助师生，支持教育改革发展的慈善组织——厦门市教育基金会。30多年来，它随着厦门特区应运而生，做出了卓有成效的工作，两次成为福建省“5A级社会组织”，厦门市最有影响的慈善组织，赢得社会各界的赞誉。

厦门市教育基金会在筹备阶段与成立之初，就想到海外老朋友与乡亲，希望仰仗这股力量，首先把目光投向香港。1988年8月，基金会成立之前，时任厦门市人大常委会主任王金水先生、厦门市教委党组书记李永裕先生等一行7人访问香港，与香港各界人士进行广泛的接触，宣传成立厦门市教育基金会的意义，介绍筹备过程、概况及聘请部分香港著名人士担任名誉职务等事宜，得到热烈的响应。他们还专门来到我的汎年国际有限公司，进行诚恳交谈，使我深受感动，决心为其尽绵薄之力。

当年9月，厦门市教育基金会正式成立。我曾经就读过厦门双十中学的李永裕老校长主持基金会工作，令我更看到基金会的发展前景。我十分荣幸地被聘为名誉会长，连任6届至今。基金会在发展过程中，与香港关系非常密切。我担任创会会长的香港厦门联谊总会创立之时，基金会派员随厦门市庆贺团专程莅临成立大会，并几次出席换届庆典。曾经主持基金会工作的副理事长李永裕、黄守忠先生等，每逢公务来到香港，都与关心基金会的香港人士交流。2013年12月中旬，厦门教育基金会副理事长张亚梅女士率团访港，专门与香港厦门联谊总会举行座谈会。我及香港厦门联谊总会一些同仁回到厦门参加“两会”、“九八贸洽会”及其他公务活动，基金会负责人闻之总是前来探望，促膝长谈，交流情况，十分真诚。

我接触过许多慈善组织与基金会，感觉到厦门市教育基金会敢于担当，勤做实事，样样讲规矩，处处讲诚信。它为什么会这样令人信服，关键在于选人用人得当。理事长由厦门市老领导张可同、庄亨浩、王榕、潘世建诸先生历届担任，他们在职时，为厦门改革开放做出许多贡献，离退休后又致力于公益事业，具有很高威望。主持日常工作的都是厦门市教育系统老领导，他们熟悉教育与学校，人脉很广，且工作严谨、认真细致、一丝不苟，工作得心应手。同时邀请社会一些人士进入理事会班子，如彭一万先生，是著名学者、社会活动家，四处奔走、宣传发动是他的强项；林宗熙先生，被厦门市政府派驻香港工作多年，与我们非常熟悉，香港众多人士十分认可他；林华明女士，长期任职侨务，在侨界十分有影响；邓渊源、陈恭椿等先生都长期服务教育界，身居要职，处事谨慎。他们的加入，使基金会充满勃勃生机。厦门市教育基金会在香港福建乡亲中，同样具有影响，香港厦门联谊总会成立后，很多理事、会员亦都热忱捐款支持基金会，我主持联谊会期间，还几次向会员推介了基金会，鼓励大家给予积极关注。

今年是厦门市教育基金会正式成立30周年。“而立风华”，薪火相传，我为此由衷感佩，并祝贺基金会百尺竿头，不惑之年更展宏图，为家乡的教育事业、为年轻一代的茁壮成长做出更大奉献。

（陈金烈，厦门市政协委员会原副主席、香港厦门联谊总会创会会长、厦门市教育基金会名誉会长。这是为厦门市教育基金会成立30周年而写）

致敬教育基金会创办者

◎ 黄守忠

厦门市教育基金是1988年市人大常委会倡议，市人民政府于当年9月20日批准成立的全市性慈善组织。

创办伊始，市政府就委派离休不久的厦门市政府原常务副市长张可同任基金会理事长，市人大常委会原副主任周乔林任监事长，原厦门市教委党组书记李永裕任常务副理事长，主持基金会日常工作。市委、市政府、市人大、市政协的主要领导担任名誉会长、顾问，国内外、境内外一大批的著名企业家、知名人士也应邀参与基金会创办工作，担任荣誉职务。足见基金会的创办有坚实的基础。

基金会应如何命名？当时国家教委成立了“全国中小幼教师奖励基金会”，福建省也依名成立“福建省中小幼教师奖励基金会”。我会创办者们认为，基金会的功能局限于奖励中小幼教师似乎太窄了。中小幼教师只是教育的一个组成部分，基金会的奖助功能应涵盖全市的师生，有奖有助。于是，大家同意将基金会定名为“厦门市教育基金会”。这个定名，后来受到了国家教委、省有关部门的称赞，说厦门的办会者有远见卓识。

办会者除了要有真诚的感情投入，更需要有一定的资金积存。于是，时任常务副市长的李秀记拨款10万元作为基金会的启动资金，至2004年，市政府共拨款500万元作为基金会的奖助基金。时任副市长的蔡望怀倡导全市干部职工以3年的“每人每月一元钱”向基金会捐款，得到热烈响应，基金会一次性收到411.2万元捐款。张可同、李永裕和张旭红等人，还不管严寒烈日，乘公交车四处登门拜访国外、境外驻厦门的企业及企业家、银行家，宣扬“捐助教育是最大善举”的理念，倡导“捐款 100 万元不嫌多，1 元钱不嫌少”的理念。各方善举人士纷纷响应。市人大常委会原主任王金水引来了香港王灿云女士及其兄弟姐妹等捐资港币 200 万元，成立王氏奖学基金，开了教育基金会捐资的先河。接着，各方纷纷慕名而来，兴业银行、工商银行、建设银行、国际银行等企业慷慨解囊，新加坡孙炳炎先生把原在企业的资金 200 万元转赠基金会。至 1998 年，基金会的本金就达 3000 多万元。

此外，基金会还开展了对外交流活动。美籍华人吴振声偕夫人黄淑玲，除向基金会捐资外，闻知厦门外语教师急需提高教学水平，还每年派了 10 多名外籍教师来厦培训本地教师，外籍教师的所有费用，在厦的住宿费，甚至培训班的讲义费都是他们俩夫妇承担。基金会还多次组织教师出国考察教育，扩大视野，学习先进。

由于有前十年的创办基础，继而有庄亨浩、王榕、潘世建等领导的各届理事会的不懈努力，基金会不断发展壮大，至今，总资产已达 2 亿多元，还两次被省民政厅授予“5A 级社会组织”，获得“先进社团”“八闽慈善奖”等荣誉称号。

向你们致敬，厦门市教育基金会创办者！

（黄守忠，原厦门市教委主任，厦门市教育基金会第三、第四届理事会副理事长。这是为厦门市教育基金会成立 30 周年而写）

爱的追随

◎ 张亚梅

2010年我从市社科联退休，谢绝了两个学会的邀请，到厦门市教育基金会担任副理事长兼秘书长。这不仅是源于我30年的教育情结，还源于老领导的感召。

到基金会工作8年了，募钱、管钱、用钱虽然只有6个字，但对于每一位能发挥余热的退休老师来说，工作是辛苦的。每当看到一批又一批的贫困孩子，因为我们的帮助而顺利地进了大学，我们就感受到工作的全部意义。助学会上，看到孩子们渴望的眼神和晶莹的泪花，不知不觉就有一种使命感——你是在为贫困的孩子做事，你的工作可能会改变他们的一生。

1991年我到市教育局工作，接触过教育基金会。2001年至2005年我负责联系教育基金会，耳闻目睹了创办与发展基金会的艰辛，听说了很多老领导筹募基金的动人小故事。有动员全市机关干部每月捐1元钱的故事；有冒着严寒酷暑，四处奔走呼号，募集成千上百万基金的故事；有把海外捐赠者像亲人一样接到家中，用“煎海蛎”“煮加力鱼线面”款待他们的故事；有一到海外就去扫墓祭奠捐资人的故事……种种感人肺腑的小故事告诉基金会的后来者，基金会的每一分钱都是用心、用情募集来的，真可谓“问渠哪得清如许，为有源头活水来”。

众多境内外的捐资单位、社会组织与爱心人士伸出热情之手，大行慈善之举，设立专项基金（资金）100多个，基金会总资产总额超过2.5亿元，成为福建省和厦门市最具影响力的慈善组织之一。每与他们接触交流，能深深感受到他们的真情实意与大爱精神。基金会帮助了成千上万的贫困学子。仅 2011 年至 2015 年就帮助了 7200 名学生。不少孩子已学有所成、长大成人。10 年前，基金会资助了一名小学四年级的学生，一个被贫困养父收养的女孩。在基金会的帮助下，女孩得以读完中学和 4 年大学，毕业后成为一名优秀的特殊教育学校的教师。2004 年资助的林志聪同学，早已是国家派赴德国留学博士生，2005 年资助的洪清泉同学，他已是厦大海洋学院的博士生，参加了雪龙号的南极考察。受助学生中，不乏读研读博的孩子，不乏职业技能大赛的金牌得主，他们已成为国家的栋梁之材。

教育是一个生命与另一个生命相互渗透、相互温暖的过程。而教育慈善则是其中最美好的部分。在价值多元的时代，我们不能漠视慈善的价值。用爱心温暖每一个角落，用真情帮助每一个孩子，是我们对高尚的仰望、对爱的追随。社会的帮助也许不能完全改变孩子的命运，但至少会使他们有所不同。贫穷使孩子们懂得了坚强、懂得了奋斗，资助使孩子们懂得了感恩、懂得了回报。

基金会 30 年的业绩是奋斗的结果，是爱心的凝聚。“为者常成，行者常至”，我们要不忘初心，不驰空想，不骛虚声，不计得失，选择坚持，选择倾听内心的呼唤，用爱心点亮生命，用执着成就梦想，为需要的孩子铺路，让他们走向七彩的明天。

（张亚梅，厦门市社会科学联合会原党组书记，厦门市教育基金会原副理事长兼秘书长。这是为厦门市教育基金会成立 30 周年而写）

文化底蕴丰厚的基金会

◎ 彭一万

厦门市教育基金会在30年间，做了大量工作，奖教奖学、助教助学，全面服务教育事业；精准把脉，解决难题，具有创业干事的精气神。

文化底蕴丰厚是突出的特点。基金会与厦门市教育局（教委）联合编辑出版了《槐台弦歌》4辑，与海峡导报社合编出版《帮我一把我能飞——“爱心助学”活动十周年纪念册（2004—2013）》，自行编辑出版“厦门市教育基金丛书”，定期编印简报和相关资料，各种媒体相互支持，影响不断扩大。基金会组织师德报告团到基层巡回演讲，组织优秀教师外出参观考察，发动有关人士撰写师魂、师德、师情、捐资兴学模范专文；举办奖助仪式，让获得者发表感言，升学、就业者报告自己成才、成长的过程和体会。

海峡两岸教育交流深入、深刻、深厚，体现“两岸一家亲”的情怀。1995年7月，海峡两岸“园丁之家”活动在厦门市拉开序幕；1996年4月，应台湾民生文教基金会的邀请，厦门市首次组团到台湾参加“海峡两岸技职教育研讨会”；此后，厦门市教育界与台湾同仁先后进行了10多次交流研讨，撰写了大量论文。通过对台、对侨交流，产生良好影响，募集了不少基金。

以本人参加的一次交流活动为例。

1997年11月间，应台湾民雄文教基金会董事长何明宗先生的邀请，厦门市教育基金会组团赴台湾参加“两岸学术交流暨技术职业教育研讨会”，在10天内参访了7所不同类型的技术职业学校、3所高等学校、2所特殊教育学校，以及多所小学、中学和社会教育职业培训中心等。其中，何明宗先生创办并兼任校长的私立协志高级职业学校给我们留下特别深刻的印象。这所学校环境优美，设备先进，与时俱进开拓新兴学科，强化学生的实践能力和日常锻炼，引导发挥其特长和爱好，以培养一专多能的实用人才，适应人力市场不断变化的需求。毕业生经常成为许多企业和机构的“抢手货”，因而学校成为众多初中生升学首选的著名职业学校。

我们进入教室听课，与老师、学生交谈，参观各种实习基地，包括实习教室、实习车间、实习园地、实习学校、实习企业等。期间举办了一次大型研讨会、多次小型座谈会，两岸学者、老师发表了多篇论文及学习心得文章。后来，这些文章编成专书出版，在海峡两岸都产生了良好影响。我们从参访和研讨中，获取了大量信息和知识，对以后的工作有很大的助益。“加强交流，增进理解，取长补短，共同提高”成为海峡两岸教育界人士的共识和愿望。

一个文化底蕴丰厚的教育基金会，起了多大的作用啊！

（彭一万，厦门市文化局原局长，厦门市教育基金会原副理事长。这是为厦门市教育基金会成立30周年而写）

我心里的话

◎ 林宗熙

厦门市教育基金会用自己坚定的步伐，走过辉煌的30年。她遵循时代的需要，从成立那天起，就忠实地履行职责，以自己卓有成效的作为成了厦门经济特区的特殊奉献者。

她是厦门经济特区早期地方性的教育扶贫社会基金；是敢为人先地开拓了教育领域诸多前所未有的专项资助；是30年来为厦门市乃至福建偏远贫困地区的困难学子上学雪中送炭；是近几年来连续被福建省民政厅评为全省5A级社会组织；更主要的，她是一种特区人关注社会各界各阶层的意识浓缩；一种社会责任、道德义举的传统熏陶；一种砥砺向上、教人感恩，不分贫富、回报社会，并提倡自强、自立、自尊、自信的教育课堂；一种特色的社会主义大爱精神的象征！

30年来，厦门市教育基金会总资产已达到2.5亿元人民币，且没有浪费捐赠人的每一分钱，靠着严密的内部财务管理制度，通过保值增值以确保资金安全，从而获得社会“一分一厘积累起来的信任”赞誉。我亲眼看到在贫困之中真诚地发出“帮我一把我能飞”呼声的孩子们迫切的眼光，感受到“捐赠教育基金是最佳的慈善选择”这一理念的实践效果；深刻理解了“先天下之忧而忧”的中国传统教育含义，体会到中国仍是发展中国家，很多事情需要大家一起参与，我们任重而道远。也是在这里，我切身感受到春天般的温暖，“一方有难，八方支援”的优秀风范，发自内心的真挚关怀把大家紧密维系在一起。为了忠实履行社会各界人士的委托和美好的意愿，而做出的种种无私奉献。

这里可以看到，无论是千里恋乡的海外游子，还是本土成长的时代新秀；无论是商海善舞的海外巨贾，还是社会驰名企业；无论是事业有成反馈社会的乡贤才俊，还是省吃俭用把节余的钱尽数用来支持贫苦学生的道德模范，为了一个崇高的共同目标，为了下一代的前途和未来，为了祖国教育事业的顺利发展，“济贫不张扬，为善不留名”有一份心尽一份力，有一分热发一分光。可以看到，已是耄耋之年的市级退休老领导，用夕阳光辉呵护着自己创建扶植的教育基金会，他们本可安度余生，悠游地享受自己的晚年，却仍知无不言、言无不尽地履尽己责；可以看到，一支从教育界离伍却懂行的“园丁”队伍，退而不休地衔接着助学助志的宏愿，他们已是爷爷奶奶级的前辈，仍然甘之如饴地为各处贫苦学子的燃眉之急而奔劳呼吁为捐款人的每一分钱应用得当而倾心计数，默默无闻地做好每项琐碎的日常事务。可以看到，一支在各行各业叱咤风云的优秀队伍，不负使命地团结一起，为厦门市的教育事业蓬勃发展、为扶助贫困家庭的教育之计出谋献策。可以看到，为人民旨意代言的媒体人，把扶助教育事业这一民族的根本作为己任，不仅适时向社会大众开展振聋发聩的舆论宣传，还身体力行地发动社会力量，集腋成裘地融汇人们一片爱心；可以看到，菩萨心肠的宗教人士，怀着“以佛庄严而自庄严”的“同体大悲”之心一再捐出募集的善款，为寒门学子的学习、生活和得到平等的慈爱，献出自己的爱众功德。还可以看到，来自四方的挚情爱心人士，为使教育公平和扶贫精准，他们宁愿顶着酷暑或冒着严寒，在教育基金会的带领下一家一户走访，为捐赠人负责任地做好实况登记……

这里不分地域，不分国籍；不分贫富，不分高低，只要对厦门特区教育事业热忱关注、有爱心善心，自愿为伟大的慈善教育贡献自己的力量，哪怕是一点一滴都能发出它的光和热！

这里发扬着一种精神，那就是：“大爱无疆”。

“我希望以后自己也能够有能力去帮助更多的人，希望能够回报社会对我的爱和支持”；“有一种情怀叫感恩，有一种过程叫成长，有一种行动叫回报”；“我最大的心愿就是回厦门，为家乡做一点事，回报当年帮助过我的爱心人士”……

孩子们的一句句简单话语，表达了赤诚之心；受过帮助、事业有成的青年愿望，表达了一代新人的朴实追求。这就是厦门教育基金会的价值所在；这就是对厦门教育基金会全体同仁的无限回报！

30年过去，我们回忆这辉煌的历程，心中仍洋溢着无限豪情——因为我们的工作得到全社会的认可，尽管付出了艰辛的劳动汗水；30年过去，厦门教育基金会用诚实取信自立于慈善队伍的前列——因为我们有着坚实的社会基础和历届积累起来的教育慈善经验，尽管坎坷又充斥着时代的挑战；30年过去，我们展望着今后的第二个30年、第三个30年……

（林宗熙，厦门市政协委员会港澳台侨委员会原主任，厦门市教育基金会原副理事长。这是为厦门市教育基金会成立30周年而写）

教育基金会的“拓荒牛”

◎佘　峥

【编者按】张可同同志是厦门市教育基金会第一、第二届理事长。参与基金会的创立，主持基金会工作达11年之久，为基金会的发展打下坚实的基础，在基金会33年历史上留下浓重的一笔，被称为“拓荒牛”。他逝世已经8年，然而给人们留下难忘的印象。现转载《厦门日报》记者佘峥采访张可同的文章，表达对他的思念与敬意。本文题目为编者另加，内容略有增删。

1988年，张可同从厦门市副市长位置上退下来后，出任厦门市教育基金会第一任理事长。当时的教育基金会用的办公桌，是别人淘汰下来的，10万元的启动金是市政府拨付的，第一年的奖教金是从教育局借来的。

10年过后，张可同以市教育基金会第二届理事长身份卸任后，这个基金会已经是拥有2000多万元的“大款”了。当然，这笔巨款仅靠一个人力量是无法积蓄的，不过，应该可以肯定的是，作为两任理事长，张可同带领基金会走过的是一段披荆斩棘的路程。

不久前，88岁的张可同在家里回忆20年前教育基金会初创的时光，简明扼要地总结说：求人的事，很难很难。

张可同夫人林玉瑞说，20年前，老伴刚退下来时，还挂有二十几个社会职务，但是，他在教育基金会上花的时间最多。

林玉瑞说，他把很多时间都花在筹款上。林玉瑞退休后，一度曾想同别人一样，清晨，老头老太牵着手买菜。但是，这个愿望并未实现。唯一的一次是她脚受伤了，张可同亲自买了一次菜，不过，7样菜，买错了4样。

但是，更为艰难的现实可能是：从"管钱的副市长"到向人要钱的"教育乞丐"，张可同心里要经历的坎比人们想象的还多，至少，他必须重新学说话的方式。

张可同在被问及此事淡淡地说，还好，只是有人急了，会忍不住说："我们自己钱这么紧了，怎么给你？"

他说，这并不要紧，你把道理讲清楚了，人家也就明白。

很难想象的是，有些时候，这位原副市长是乘公交车去"化缘"，因为当时基金会还没有自己的车。需要拜访海外人士时，张可同总是对工作人员说："我们坐公交车吧。我有离休证，乘车不花钱。"

张可同的俭朴作风，也为教育基金会"定了调"。据说，连买矿泉水，也要选地方，这样一箱能便宜几块钱。

有一些人捐款就是被这样的艰苦朴素的作风所吸引。当时，基金会的办公桌椅都是捡别人不要的，一摆就是10年。但是，就是这些破旧桌椅，赢得了捐款人的信任。他们得出这样的结论：这样节俭的基金会是可以信赖的。

张可同还有一个最大的贡献，就是致力于依法办会、规范操作。1988年国务院第一部《基金会管理办法》出台。他就要求基金会申请登记注册，亲自找有关部门游说基金会登记的重要性，取得了市委、市政府的支持，批示有关部门给予办理。1991年1月经人民银行、民政部门批准，基金会取得了《社团法人登记证》，成为全省第一家合法的基金会组织。

张可同最为骄傲的是，他以他的金融经验，保证了教育基金会的基金安全。这位南下老干部是厦门解放后的第二任人民银行行长，之后任分管经济的副市长，深知金融安全之重要性。在他任理事长的10年里，基金会的基金没有因被骗而损失。当时，为了让基金保值增值，各地基金会各显神通，比如，有的风行参与企业的集资。对此，他总是极力反对，一再提醒要规避投资风险。

鞠躬尽瘁效春蚕

◎马　先

【编者按】李永裕同志是市教育基金会的创会会长，曾经担任基金会2届10年的副理事长，主持基金会日常工作，为基金会的创立与发展做出了很大的贡献，功不可没。他逝世已经5年。每当我们回顾、总结基金会工作，总会提及这位可亲可敬的老人。这里转载马先记者20多年前这篇文章，追念他的为人处事，激励来者，为基金会的发展努力工作。

1988年，刚从原厦门市教委党组书记岗位离休的李永裕，马不停蹄地投入了创建市教育基金会的工作。10年过去了，主要靠几位离退休老同志开展工作的这家民间慈善团体，从零起步，发展为如今拥有2000多万元基金的大型基金会，而且基金中四分之三来自社会的捐赠筹募。基金会不仅把奖教、奖学的爱心覆盖全市大中小学的优秀教师和优等生，还把这爱心延伸到了对家境贫寒师生的资助。10年来，厦门的近10所高校尚未有学生因经济困难而辍学，基金会尽了一份努力。

提起成绩，李永裕摆了摆手说："这绝对不能算在我个人的头上，首先得益于市委、市政府高度重视——1988年在市人大通过的政府工作报告里提议设立这一机构。这是一家政府确认的团体，由政府制定奖励办法。比如刻石纪念啦，表彰荣誉市民啦，号召市民每人每月捐助一元钱的活动啦……这才是我们基金会发展壮大的动力。"

李永裕特别提到，厦门是一方尊师重教的宝地，传统的道德风尚使得无论企业家还是平民百姓，提到“捐资助学”，都没有二话。厦门人尊师重教的典范莫过于陈嘉庚先生。李永裕给我们谈及这样一段小故事：1996年，台湾嘉义民雄职业学校的何明宗校长来访，李永裕陪同他到集美学村和鳌园参观，前前后后不过半个小时，何先生为陈嘉庚倾资办学的事迹所倾倒，除了向集美轻工学校捐赠了54万元台币之外，还通过厦门市教育基金会向其家乡平和县的职业学校捐设了教育基金。

如果上述故事算是天时与地利，那么“人和”的故事更多地围绕着李永裕及基金会的领导同志们展开。他们从事教育一辈子，长期言传身教、诚以待人，使其拥有极好的“人缘”。同学、战友、麾下的教师以及“满天下”的桃李，提起“李校长”，人人钦佩，由老李直接发动、劝募的基金即有近千万元。双十中学校友林华国捐资450万元建设双十中学梦飞图书馆，双十中学校友陈成秀捐赠100万元基金，双十中学老校友蔡景程捐出价值200万元的别墅设立专项基金，集美校友施学概捐资10万元兴建李林烈士陵园。

而更多的人与老李素昧平生，却因仰慕其人格魅力而一捐千金。菲律宾林家栋先生是通过其弟林家益（双十中学学生）知道老李这个人的，1987年曾捐出50万港元来兴建厦门师范教学楼，今年又认捐100万元设立教育基金；香港杨贻瑶、黄怡文先生钦佩老李的威望及办事效率，主动把捐资720万元港币兴建厦门图书馆和捐资200万元兴建秀德幼儿园工程的事儿托付于他。还有香港李礼阁先生捐款10万元建华侨中学教学楼，香港韩振东先生捐赠鹭江大学（现为厦门理工学院）图书馆10万元款与30万元图书设备，等等。

这样的“人格魅力”源自“廉洁”。李永裕在为基金会订立极其透明的财务管理制度的同时，自己更是率先垂范。他募集的款项高达千万，而他从来分文不取。他曾动员乡亲陈黛敏女士为家乡同安莲河小学捐款20余万元兴建校舍，自己除从工薪积蓄中挤出一万元参与捐建外，还动员其已离休的夫人一家回乡，自掏腰包亲自下厨“犒劳”建校人员，在家乡传为佳话。

这样的“人格魅力”源自“真诚”。1989年，双十校友李尚大先生捐建安溪慈山学校，这本不是李永裕的“服务”范围，但他受人之托，忠人之事，从选址到动工，从落成到招生，乃至为“提高教学质量”，他还专门联系了双十中学的教师进行“传帮带”。就为这样一项“分外之事”，年逾古稀的老李先后到安溪慈山11次。也正是有了这样的“口碑”，素不相识的杨贻瑶、王灿云、黄怡文等境外热心人士，才会极为放心地把巨资捐来，将大事托付。

这样的“人格魅力”源自“忘我”。许多人因公出国，不会忘了“到此一游”，甚至声色犬马。但老李到了菲律宾，忘不了亲临双十中学创办人林珠光、马侨儒先生和菲律宾双十校友总会创办人郑荣福会长墓前拜谒献花，并慰问其家属。校友们倡议设立“李永裕基金会”，因为人们忘不了李校长曾经带领他们创造过闻名全国的“高考红旗”的那一段辉煌，而老李想到的却是更为这段“辉煌”付出心血的福建省教育厅前厅长王于畊女士，他提议改名为“王于畊基金会”……他什么都可以忘，唯独忘不了工作；他谁都记得，就是记不住自己！

第二部分

党的阳光照前程

——厦门市委、市政府关心基金会发展记略

◎ 厦门市教育基金会

厦门市教育基金会成立于 1988 年 9 月，走过 33 年的历程。它的顺利成立，以及每前进一步，每取得一点成绩，每获得一份成功，都离不开市委、市政府的政治引领、长期关怀与大力支持。

作为厦门市最早成立的一个慈善组织，第一任理事长张可同，以后的历任理事长庄亨浩、王榕、潘世建等同志，都是市一级的离退休老领导，由市委常委会议决定的人选。他们党龄长，党性强，从而保证了基金会的正确发展方向。

在市委、市政府的关怀下，基金会工作很快进入顺利发展的轨道。第一笔基金是市政府在经费不宽裕的情况下，拨款 10 万元的启动基金。第一个专项基金是市委领导搭桥牵线引来的 200 万港元成立的王淑景王文斗奖学基金。第一次群体性教育基金的募集，是市委、市政府发动广大干部职工的一定 3 年的“每人每月一元钱”集资活动。

以后的基金会历次换届大会，许多重要的纪念活动，市委、市政府的领导同志必到现场祝贺，还在各种场合会见海内外著名人士，感谢及鼓励他们支持厦门教育基金事业与教育改革发展。

——1988 年 9 月，基金会由市政府批文，并报省民政厅批准成立。市委副书记、市人大常委会主任王金水，副市长蔡望怀等领导参加成立大会。蔡望怀在讲话中指出，基金会的成立是开厦门市捐资兴学的先河。他

对基金会的发展寄予厚望。

——1993 年 3 月，市委副书记、市长洪永世代表市委、市政府提出建设厦门“教育之城”的战略构想。他坚持“人民教育人民办，办好教育为人民”的理念，十分重视基金会的作用。6 月 23 日，他亲自在市政府办公楼会议厅主持筹集教育基金的动员会，强调“重视教育永远不会过分”“筹募教育基金人人有责”。

——1994 年 10 月 5 日，基金会换届，成立第二届理事会。市委书记、市长因在外出差，发来贺电。市政协主席蔡望怀、常务副市长朱亚衍出席换届大会。

——1999 年 10 月 8 日，基金会换届，成立第三届理事会。副市长江曙霞出席成立大会，并发表讲话。

——2005 年 4 月 29 日，基金会换届，成立第四届理事会。省委常委、市委书记郑立中出席大会，向基金会新任理事长颁发聘书。副市长叶重耕在讲话中对基金会的工作成绩与经验给予充分的肯定。

——2007 年 8 月 11 日，基金会与《海峡导报》联合举办“爱心助学”活动，副市长郭振家出席。郭振家在讲话中首先表示：“由厦门市教育基金会和《海峡导报》主办的这场活动，非常有意义……厦门一直都有捐资助学的优良传统，在陈嘉庚先生的倡导和影响下，厦门有很多爱心人士，为厦门的教育捐资助学，对此，我代表厦门市政府再次表示感谢。”

——2008 年 2 月，王淑景王文斗奖学基金成立 20 周年，省政协副主席、副市长郭振家，市委常委、宣传部部长洪碧玲出席纪念会。郭振家在讲话中充分肯定教育基金会的积极作用，并指出：“召开王氏奖学基金成立 20 周年纪念大会，就是动员和激励全社会都来关心我市的教育基金工作，关心我市教育事业的发展，推动教育改革，群策群力打造‘海西’教育重要中心城市，真正发挥教育事业对建设社会主义和谐社会的作用。”

——2008 年 11 月，基金会召开成立 20 周年大会，市委常委、宣传部部长洪碧玲，市委常委、副市长詹沧洲到会祝贺。詹沧洲在讲话中指出：

“今后，我们仍然将积极支持教育基金会的工作。作为新时期服务型政府，我们不仅要切实做到为企业创造良好的发展环境，还要积极引导和鼓励企业以回报社会为己任，积极投身到公益事业之中。”

——2009年9月，基金会举办“李昭进教育基金”捐赠仪式暨表彰“终身从教奖”活动。市政协主席、市委教育工委书记陈修茂，市委常委、宣传部部长洪碧玲等领导到会祝贺。陈修茂在讲话中向所有关心厦门教育事业的发展、扶助我市教育基金会工作的社会各界人士和海内外同胞表示感谢，并希望他们继续关心我市教育发展，多行扶助壮大教育基金这一十分有意义的义为善举。

——2010年11月27日，基金会换届，成立第五届理事会。省委常委、市委书记于伟国亲自到会祝贺，向理事长颁发聘书。市政协主席、市委教育工委书记陈修茂莅会，市委常委、副市长詹沧洲代表市委、市政府作重要讲话，充分肯定基金会出色的工作。

——2016年5月6日，基金会换届，成立第六届理事会。市委常委、宣传部部长叶重耕，副市长国桂荣参加大会。国桂荣代表市委、市政府高度评价基金会对教育事业与慈善事业做出的贡献。

市委、市政府还把对教育基金会的重视，上升到“政府行为”的新高度。

——1991年，厦门市人民政府在集美嘉庚公园内专门建造“尊师重教荣誉碑”。1993年开始，市政府每年（后改为每两年）奖励一批“捐资兴学尊师重教模范”，授予金、银、铜牌，在当年庆祝教师节大会予以表彰，并镌名于荣誉碑上。至今已有14批。

——1995年6月，厦门市人民政府出台政府令《厦门市捐资兴学奖励办法》，从法律层面上规范与鼓励筹措教育基金，对基金会的工作给予有力的推动。

——2019年6月19日，省委常委、市委书记胡昌升在全市教育大会上指出：“厦门素有不忘桑梓、捐资兴学的传统。香港王灿云、新加坡陈淑琴等人士，厦门烟草、国际银行等企业，发扬嘉庚精神，捐资设立教育基金，助学兴学。这一传统值得发扬光大。”他还充分肯定曾任基金会常务副理事长的李永裕的贡献。

党的阳光照征程。基金会将继续在市委、市政府的领导下，认真贯彻《慈善法》的基本精神，严格按照党的方针政策办事，争取获得新的成绩，为厦门的教育事业、慈善事业做出新的贡献。

贯彻《慈善法》 催发爱心花

◎ 郭庆俊

厦门市教育基金会成立以来，认真学习贯彻国家的法律法规和市委、市政府的决策指示，积极开展教育慈善服务，特别是《慈善法》颁发以来，通过认真学习贯彻，更进一步增强了慈善意识，提升了慈善行为水平，取得了良好的社会效益。先后两次获得省“5A 级社会组织”，以及省八闽慈善奖、省先进民间组织、省先进社团等荣誉。

一、认真学法，增强慈善意识

2016 年 9 月 1 日《慈善法》实施后，我会派专人去北京参加了国家民政部组织的学习培训。接下来组织本会理事会成员与基金会全体工作人员传达学习，领会精神实质，结合实际座谈交流，谈学习体会，深化对《慈善法》基本精神与重要意义的认识，对照实际找差距、定措施，完善基金会工作制度与措施，并将《慈善法》与基金会章程合编成小册子，人手一册，随时学习对照。此后，每当人员有变动，都会组织学习《慈善法》和基金会章程，做到人人学法、知法、用法，强化慈善法规意识。

二、严格守法，规范慈善行为

基金会以开展慈善活动为宗旨，不以营利为目的，有自己的名称和固定办公场所，有组织章程，有必要财产，有符合条件的组织机构和负责人，正副理事长都是经组织批准任命的市政府和教育局退休老领导。根据法律法规及章程规定，我会建立健全了内部治理体系，明确了决策、执行、监督等方面的职责权限，目前基金会的基本组织机构有：理事会、办公室、财务室、理财小组、监察小组，执行国家统一的会计制度，依法进行会计核算，每年接受省民政厅所指定会计师事务所的财务审计，向省民政厅报送年度工作报告和财务会计报告，并定期向市教育局汇报工作情况，市教育局主要领导联系基金会，及时给予指导。

对于募捐资金专门登记造册，严格管理，专款专用，重大投资方案均经理财小组和办公会研究提出意见，理事会集体讨论决定，严格按章办事。基金会开展慈善活动的年度公益性支出均高于上年度总收入的70%，符合《慈善法》规定的比例，管理费用控制在3%左右，低于《慈善法》不超过10%的规定比例。33年来，我会未出现决策失误，未出现违规违纪行为，未出现一例投诉，得到捐款人与受益人的认可，每年年审都顺利通过。

三、努力践法，提升慈善效益。

一是严格把关，做到公开公正。在募资上，主要通过报刊和走访等形式与社会上爱心机构和人士交流沟通，按自愿原则推进公益事业。目前我会有100多个专项基金（资金），都是严格按照自愿、协商、统筹、有针对性的精神与有关章程规定成立，按照相应的专项章程、协议、合同及捐赠人意愿开展慈善活动的。每次活动都征信于捐赠人，告知受益人单位，接受监督。每项经费往来，都开具正规发票，纳入总体账目。比如爱心助学活动接受社会热心人士捐款，不管款项多少，一律开具捐赠专用票据，活动结束后，通过《海峡导报》公布所有捐赠人与捐款数，以及受益人与受益款数。同时，我会坚持信息公开原则，建立并坚持新闻发言人制度，每年召开两次新闻通报会，向中央、省市有关媒体通报我会工作，包括教育基金的募集、管理、使用情况，社会各界支持我会工作的情况等。我会的新闻发言人制度得到省民政厅的认可，我会还于2020年11月在全省社会组织培训班上作了专题介绍。同时我会还定期编印简报、更新网站信息，及时向有关职能部门、捐赠单位和人员、新闻媒体通报各种重大事务与活动情况，听取反馈意见。

二是走访核实，确保精准扶贫。资助对象不分地域，只要在厦学习有厦门学籍且符合资助条件的，包括务工人员子女，均纳入爱心资助范围。为确保精准扶贫，我们会同志愿者单位与有关捐资企业，组织了二三百人的志愿者队伍，经相应培训后，对由学生申报、社区村街证明、学校核实上报的拟资助对象逐户走访，进一步核实基本情况，形成文字和影像资料，提交基金会研究审核，并请捐资人会审，确保资助工作精准到位。

三是爱心互动，注重人文关怀。对资助学生，我会采取上门走访、召开资助金颁发会、座谈会等形式，邀请捐资人和受益人代表与基金会领导一起发表感言，起到爱心互动、相互教育、共同受益的目的。对于病困教师，采取上门慰问的方式，不只是送钱，更注重将爱心送到教师心上。

四是创新发展，推进爱国主义教育和科学文化知识进校园。近年来，在教育部门和学校及有关单位支持下，我会先后组织了英雄小八路精神、海堤精神、厦门建设成就摄影展、绿色生态文化、海洋文化等进校园活动，对中小学生进行爱国主义和科学文化知识教育，收到良好成效。

特别在抗击疫情期间，我会人员坚持一边抗疫一边工作，确保日常工作不停摆，正常工作特色办。为湖北抗疫捐赠善款 30 万元，给予租用我会房产的 16 家租户免除一个月租金 23.8 万元。有的党员还参加了社区志愿服务。

贯彻《慈善法》，坚行慈善路。厦门市教育基金会将一如既往地坚持正确的慈善方向，不断拓展慈善行为，为“爱心厦门”建设做出新贡献。

（郭庆俊，厦门市委教育工委原副书记，厦门市教育基金会副理事长兼秘书长）

情系四川地震灾区

◎ 厦门市教育基金会

汶川“5·12”大地震已经过去13年了。在纪念这个国殇之时，我们想起了当年举国支援灾区的场景，也想起厦门市教育基金对灾区的支持。

“5·12”汶川大地震一发生，我会遵照中央指示，立即行动起来，发扬“一方有难，八方支援”的精神，开展一系列凸显“心系灾区，重建家园”主题的充满爱心和真情的救灾活动。在灾难发生的第二天，我会致电四川省教育基金会，送平安，送祝福，并商讨今后援建希望学校等事宜。

紧接着，我会采取了一系列支援灾区的实际行动。

——汶川大地震发生后的第二天，基金会顾问、台湾协志高中董事长何明宗先生就打来电话，询问灾情，表示关切。5月14日，汇来人民币10万元，委托我会转给四川抗震救灾单位。其电传稿如下：“惊闻四川大地震，灾情惨重，亟待援助，我等全校师生感同身受，谨捐人民币10万元赈灾，请代转至相关部门单位，为救灾之用。”

——5月中旬，我会从省民政厅得知，省里要召开赈灾募捐大会。当即召开理事长会议，决定从我会当年收益中，捐出人民币20万元，由省民政厅转交。省民政厅发给我会的赈灾证书中称：“2008年5月，四川省遭受严重灾害。为支持灾区人民抗灾救灾，重建家园，您（单位）捐赠20万元，在此，向您（单位）致以崇高的敬意。”

——我会工作人员踊跃参加社会捐款，有的到原单位捐款，到社区又捐，多次捐款。就连在进修学习的司机兼文员小何也在第一时间在班级捐了款。有的既捐款，又交了“特殊党费”。钱多钱少，都是爱心一片。

——我会与媒体及有关单位合作，广泛发动社会各界为灾区教育捐款，尽可能为灾区孩子营造良好的学习环境。另外，我们将今年几家理事单位的助学调整到支援灾区学校方面。暑假与戴尔公司合作举办电脑培训，把要奖励优胜者的60台电脑留起来，资助灾区学校；我们征求麦克奥迪公司意见，将当年捐赠的显微镜，留作支援山区学校之用。

在以后的几年内，我们心系彭州，王氏奖学基金决定连续3年奖助彭州学子。

——2009年3月17日，时任我会理事、王氏奖学基金负责人谭南周等人专程前往四川彭州，向彭州54名省级和成都市级优秀学生颁发“王氏奖学金”，向26名家庭困难的学生颁发厦门中新拍卖行提供的助学金，向天彭中学、致和中学、致和中心小学、太清中心小学转赠戴尔公司志愿者个人捐购的1471册图书。颁发奖学金会在天彭中学召开，彭州市教育局副局长韩洪滔、教育科副科长孟涛，福建援川支教队队长、厦门金鸡亭中学副校长曾绍锋出席了颁发会议。四川《教育导报》、彭州市电视台到会采访，《教育导报》在3月19日发布了颁发奖助学金的消息。在彭州期间，谭南周等人还考察了厦门市援建、援助单位清平小学、清平中学，与学校校长、教师进行了交谈；参观了我市支教教师工作的南城中学，正在兴建的白马中学，仍在板房上课的通济镇中心小学。

——2010年3月24日，我会副理事长黄守忠，以及谭南周前往四川彭州，向彭州市20名优秀中学生颁发2009年度王氏奖学金。他们是来自龙门山西藏同信证券九年制学校、致和镇太清博世九年制学校、致和中学、利安中学、清平中学的初中学生。彭州市教育局副局长胡波、资助中心主任李世祥等出席了颁发会。在彭州期间，黄守忠一行还参观了我市援建的清平中学、清平小学的校园，与彭州市教育局的领导、清平中小学的校长进行了座谈。

——2011年4月15日，我会副理事长兼秘书长张亚梅、副秘书长兼办公室主任张旭红前往彭州，向彭州市的20名优秀中学生颁发2010年度王氏奖学金。本次获得奖励的是我市定向援助的彭州市4个镇5所学校的20名学生，是学业优秀且家庭受灾较重、生活困难的学生。他们每人获得王氏奖学金1000元，同时获得我会赠送的《英汉词典》1本和T恤2件。此行还在四川省教育基金会办公室、彭州市教育局和仪器站领导的陪同下，参观了我市援建的几所学校，察看了何明宗先生捐赠灾区的10万元资金的使用情况。同时察看了戴尔公司捐赠的电脑和麦克奥迪捐赠的电子生物显微镜的使用情况。彭州市教育局对社会的捐款、捐物都能落到实处，发挥其应有的作用。

纵有疫情不懈情

◎ 厦门市教育基金会

2020年是非常之年。我们经历了疫情肆虐与全民抗疫的全过程，为以习近平同志为核心的党中央领导下取得的抗疫决定性胜利，感到振奋与骄傲。

在抗疫过程中，厦门市教育基金会理事会与全体工作人员，不忘初心，敢于担当，特事特办，坚持开展工作，坚持慈善行为，取得了积极成效，受到社会各界的好评。

疫情伊始，我会全体人员响应党中央号召，遵守各级党委、政府的规定，时刻关注疫情状况，积极配合有关部门做好防控工作，增强抗疫自信心。

宅家不忘家国情。我们一是在网上开展学习与交流，相互鼓励宅家抗疫，及时通报全国与厦门市疫情进展状况，推送抗疫方法与信息。

二是热情参与社区抗疫志愿者服务。基金会理事长潘世建，40多天坚守义工岗位，每天站在小区门口一个多小时，为人检测体温，为厦门市抗疫工作立标兵，树形象。他被社会称为市级离退休老领导的“第一人”。

三是发挥各自特长，通过撰写诗词、创作书画、演奏音乐作品等形式，讴歌抗疫斗争，为一线抗疫工作者送上关怀与祝福。副理事长郭庆俊、新闻发言人谭南周写出一批抗疫诗词，在朋友圈与群里广为传播，宣传正能量。郭庆俊《白衣天使赞》：“突生横祸撼江城，索命摧魂举世惊。天使出征驱魍魉，万家翘首盼捷声。银针落处瘟神泣，笑靥开时日月明。

待到前方传喜讯，九州歌舞颂群英。”《长相思·元夕》：“日相思，晚相思。思至江城元夜时，灯幽鹦鹉啼。想雄师，盼雄师。师到瘟虫气焰熄。旗挥黄鹤回。”谭南周《闻武汉疫情有作》：“晴川芳草发悲鸣，疫虐江城九牧惊。黄鹤难归伤竖子，龟山长恸泣苍生。中枢奋起回天力，举国同携坚履行。最是白衣飘动影，克艰赴难不胜情。”《致钟南山院士》：“鼓屿医门子，巍巍伟岸枫。奋身非典日，战疫楚垣中。素志酬家国，箴言贯始终。南山真不老，举世仰高嵩。”他共写出40首抗疫诗作，发表在北京《未来教育家》杂志的官微与纸媒上，在全国产生很大影响；还书写条幅，赠送抗疫医护人员。

在疫情得到初步控制之时，强烈的责任感催促我们逐步恢复正常工作。2月下旬，根据全市抗疫要求，办理申请复工注册登记手续，有序做好办公环境消毒与工作人员身心保护等一切措施，尽快地恢复到岗。办公室主任谢婉丽及几位工作人员，坚持每天下午为办公场所清扫消毒，为次日上班提供安全的环境。

上班第一天，就召开理事长办公会议，重点讨论2020年工作计划。会上指出，基金会要坚持“资金资助与人文关怀并重”的理念，在做好常规性工作与日常性事务的基础上，继续加大力度，抓好三项重点工作。一是资助大病教师，二是资助贫困大学生，三是推动社会文化进中小学校园。会上强调，新冠疫情虽然会给基金会筹募教育基金与奖助师生等各方面工作带来很大压力。但是要振奋精神，强化自身建设，迎接新的挑战，根据抗疫形势的发展，有效地开展工作，提升基金会的公信力与影响力。决定为支援湖北抗击疫情捐赠30万元，由专项资助全列支。同时接受《海峡导报》的倡议，开展资助湖北宜昌贫困大学生活动。号召在基金会工作的党员，参加所在单位党组织的党员捐款活动。主动为向基金会租用房屋的单位与个人（16户）减免一个月租金，共达23.8万元。

到了3月份，坚持线下布置分工、线上讨论交流，完成了两项应急任务。一是督办单位年度审核材料。积极关注上级在疫情期间的年审安排时间与方式，做好线下或线上办的两套年审材料准备。一边整理打印资料，一边详细准确填写电子材料。严密配合省社会组织管理局在适当时间的年审。二是修改、完善基金会2019年工作总结与2020年工作计划。因疫情期间不能召开理事会审议，两份材料已通过微信方式征求理事意见。理事们纷纷回复，表示赞同。连创会会长王金水、原理事长庄亨浩两位耄耋老人也予回复，对疫情期间基金会的有效工作表示赞赏。

为了提升大家的抗疫精神与工作信心，基金会党支部及时组织大家学习习近平总书记重要讲话，并在5月21日举行“抗疫斗争的中国精神”学习会。谭南周首先作了《中国力量·中国精神·中国效率》的主题发言，从三个方面谈了自己的学习体会。一是中国力量，最重要的是党的坚强领导力量。二是中国精神，最伟大的是一往无前的爱国主义精神。今天讲爱国，就是要热爱党领导下的社会主义新中国。三是中国效率，最为突出的是全力以赴的高效行动。闻风而动，集中力量办大事，在最短的时间内打赢这场没有硝烟的人民战争。

理事长潘世建结合基金会工作，提出“四个强化”。一是强化政治引领，加强爱国主义教育，在党的坚强领导下，以新时代中国特色社会主义理论为指导，开展工作。二是强化使命担当，充分体现党的坚强领导和社会之大爱，让广大受益者感恩党、政府和社会。三是强化人文关怀，把我们的工作与“爱心厦门”紧密结合在一起。四是强化创新推进，加强与捐赠单位、人士的联系，扩大慈善行为，创新工作方式。党支部书记郭庆俊在发言中强调，抗疫的成功显示出党的超强决断力、号召力和战略定力，面对如此危难而不乱。

我们还积极自评，认真准备，迎接厦门市人大常委会的《慈善法》执法检查。在5月22日市人大常委会举行《慈善法》实施执行情况座谈会上，副理事长兼秘书长郭庆俊介绍《慈善法》实施4年来基金会的执行情况。会上有十几个单位发言，厦门市人大常委会副主任叶重耕专门肯定市教育基金会认真、有效地执行《慈善法》的工作与经验。

随着疫情的不断缓和与抗疫取得决定性胜利，我们更加努力地工作，高效地开展慈善活动。当及时地将信息通过纸质媒体与自媒体通报理事会与捐赠单位时，得到的反馈是："你们是在用心用情地工作""其工作效率一点不亚于，甚至高于平时"。厦门市委教育工委书记、市教育局局长郭献文来到基金会调研，在讲话中充分肯定基金会工作的"三个体现"。一是体现了温度。资助贫困大学生、资助大病教师，还做到对每位资助对象的访问与慰问，体现了社会的大爱与温暖。二是体现了高度。推动革命传统教育、社会文化进校园，着眼于中小学生的德育与美育，立足点甚高，很有意义。三是体现了奉献。基金会老同志颇多，工作勤勤恳恳，"倾情、倾心、倾力"，具有奉献精神。

温暖慈善风

◎ 厦门市教育工会

厦门市教育基金会多年来致力于奖励、资助师生等慈善项目，其中最具代表性的是资助大病教师。

2015 年，基金会出台了《资助大病教师规定》。首批筹募 500 万元资助基金，连同市教育局划拨专项资金与有关单位、热心人士捐赠，资金达 1500 万元。向本市在职教职工（含在编、合同制教职工）及离退休教职工，近两年因突发疾病，并经医院确诊罹患危重病症，部分医保费用自费数额较大，造成家庭经济特别困难的及突发危重病患的相关教育人员进行资助，资助金发放标准为 5000 ～ 20000 元。申请资助的教职工通过学校及区教育工会向市教育工会申报，经市教育工会审核后，及时与市教育基金会联系，进行开会讨论，确定申请者的情况与发放资金标准，及时与准确地发放资助金。至 2020 年 12 月，共资助 259 名大病教师，金额 452.6 万元，资助面覆盖了市属大中小学、幼儿园。

在资助过程中，坚持了“准确、及时”的原则，突出了“资金资助与人文关怀并重”的理念，真正体现“大爱”精神，成为基金会的慈善品牌，产生很好的社会影响力。

刚开始，每年上下半年各资助一次。资助中发现一个情况，当将资助款送至时，有个别大病教师因病危赴外地就医，甚至刚刚病故，与资助失之交臂。尽管资助款送到其亲属手中，但对本人，对基金会来说，都是一种遗憾。

为了更好地开展这项工作，2017 年 9 月 19 日，教育基金会专门召开扶助大病教师座谈会，研究进一步扶助大病教师工作。市教育基金会潘世建理事长、张亚梅副理事长，捐赠单位代表，市教育工会主席郑强，同安、海沧、思明等 3 个区教育工会负责人，3 位大病教师代表及其所在学校校工会负责人出席会议。潘世建理事长在发言中强调资助大病教师的重要性与迫切性，指出今后的资助大病教师工作，一要及时，尽快发现，尽快地实行资助；二要加大人文关怀，进行走访与回访，把温暖送到大病教师的家中。我们听了都很感动。

2018 年，教育基金会又对教师大病资助基金管理办法进行修订，修订后名为《教师大病资助办法》，争取把扶助大病教师工作做得更及时，更人性化。基金会办公会议决定，每个季度资助一次逐步发展到每个月资助一次甚至两次，每次哪怕只有一两个人。只要基层学校（单位）一申报，市教育工会一审核，基金会办公室在郭庆俊副理事长主持下，两三天内讨论审批，并发送资助费，充分地体现“及时”。

及时体现了效率，得到社会的称赞。双十中学退休教师彭永叔在生命弥留之际，基金会将资助款送至床边，感动了一屋人。几日后，她即逝世。彭老师是著名的特级教师，门生遍及国内外。双十中学许多校友听闻此事，纷纷称赞基金会的善举。

资助大病教师更表现在人文关怀。每一批大病教师资助名单确定后，基金会理事长潘世建总是在第一时间来到他们家中进行慰问，送上资助金。同去的还有市教育工会负责人、捐赠单位代表及爱心人士，体现了社会各界对教师的关怀、对教育的尊重。在场还有受助人所在单位的领导，他们对潘世建的到来也十分感动。

厦门理工学院工会有篇文章这样写道：2017 年 12 月 28 日……第一个走下车的人，我定睛一看，竟然是市政协原副主席、市教育基金会潘世建理事长。潘老亲自带领工作人员一行上门，为施老师送来了 2 万元的慰问金。寒暄之余，潘老真切地说：“现在我们加快了大病资助审批的流程，就是要越快越好，不然一些老师还没有等到申请下来就已经来不及了，这就让人太遗憾了。”话语中，满是他对病困老师的关切之情。

潘世建在与大病教师交流中，讲得最多的是鼓励的话语。他勉励大病教师以乐观的态度对待疾病，以顽强的毅力战胜痛苦。还叮嘱单位的同志多加关心。

走访大病教师成为基金会工作制度之一。对每批次资助的大病教师，都要逐个地到其家慰问。若受赠人去世，则慰问家人。第二年还要分批对受助者再走访一次，了解其病症及恢复情况。真正做到“大病资助，情暖教师”。

厦门市教育基金会的大病资助活动已经成为教育系统送温暖活动的一个品牌，被资助对象有30岁左右的年轻教师，也有退休的老教师。基金会理事长潘世建，副理事长张亚梅、郭庆俊，以及办公室人员，还有爱心单位人士，不仅为患病教师送去资助金，还亲自上门慰问、关怀，甚至不止一次。这道扶贫济困的光芒，照亮了病患教师对生活的希望，给了他们战胜病魔的勇气和信心。受助的老师、家庭以及所在单位都非常感谢基金会给予的关怀和帮助。

志愿者发挥积极作用

◎ 厦门市教育基金会

多年来，厦门市教育基金会开展的暑期资助贫困大学生“爱心助学”活动，得到了社会各界的大力支持，尤其是一些单位选派志愿者，积极投身其中，为我会“精准资助”打下良好基础，推动这项活动顺利进行。

“爱心助学”活动的志愿者队伍不断扩大，从2011年的戴尔公司的22位志愿者，扩大到2019年的有戴尔科技集团、厦门国际银行、南普陀寺慈善基金会、福建省陈章辉福信慈善基金会、鹭岛爱心义工协会、现代物流业商会、厦门众冠捷管理咨询有限公司等7家单位参加的289名志愿者。多年来，志愿者服务达1006人次，共走访2705位贫困大学生家庭。2020年的疫情期间，戴尔科技集团、厦门国际银行股份有限公司厦门分行、鹭岛爱心义工协会、福建省陈章辉福信慈善基金会、现代物流业商会、厦门爱心牵手协会、厦门众冠捷管理咨询有限公司、厦门凤凰创意会展服务有限公司、静善义工等9家单位，以及部分社会个人志愿者，共284人参与了家访。

每一年的家访都是七八月份，是厦门最炎热的时候。志愿者们冒着酷暑，来到偏僻乡村、燥热的城乡接合部与简陋的城区巷街，家访了全部贫困大学生申请者的家庭，提供详细的第一手资料，为我会“精准扶贫”“精准助学”提供了坚实基础。

志愿者的“爱心助学”家访活动有着显著的特点，这种热心公益、热心慈善的精神值得发扬光大。

——制订计划，做好准备工作。

基金会一直把“爱心助学”的家访看作重要工作，把志愿者参与家访视为最重要力量。每一次家访，都会充分做好准备工作。对志愿者的征集管理与开展活动，基金会都会做专题研究、让专人负责。

准备阶段的工作，一是根据当年贫困生申请情况，制订本年度计划。二是向有关单位征求意见，确定志愿者名单。有关单位采取主动报名与部门推荐相结合的方式确定人员，报基金会备案，并建立档案，逐步形成较为稳定的志愿者队伍。三是基金会根据当年参与单位的实际情况，具体安排志愿服务的时间、人员与区域路线图。

为了将准备工作做得更好，基金会办公会议予以专题研究。2018 年 6 月 14 日，我会理事长还专门召集戴尔公司、厦门国际银行、福信慈善基金会、鹭岛爱心义工协会、南普陀寺慈善基金会、众冠捷管理咨询有限公司等志愿者队伍负责人开会，研究当年贫困学生家庭的走访调查工作。2020 年 7 月 21 日，我会召开“爱心助学”优秀志愿者表彰会，向 7 个单位 22 优秀志愿者颁发奖励证书，同时详细部署家访贫困家庭工作。

——认真负责，完成家访任务。

这些志愿者来自各个单位。他们在单位对本职工作认真负责，相当一部分是骨干分子。他们热心社会公益事业与慈善事业，主动加入志愿者队伍，多方面地参与各种志愿服务活动，在这方面积累了经验。

在家访贫困大学生家庭活动中，他们不取报酬，利用双休日展开“爱心助学”家访。每年 7 月，夏日炎炎，暑气蒸人，在农村民居，在城镇小巷，在田间小道，都闪动着志愿者的身影。他们自己开着车，带着水，分成几个小组，来到各个贫困生的家中。一家一户查看、询问、照相，真实全面地记录家庭情况。有的志愿者小组一次访问多家，有的志愿者参加家访多次，有的志愿者，比如戴尔公司有几位，就参加了很多年的家访。这次授予“优秀志愿者”称号的 22 位，就是他们中表现最为突出者。

——态度诚恳，学生家庭配合。

家访事先通知，大多数家庭采取欢迎、合作、感谢的态度，保证了家访工作的顺利。家访时，志愿者以平和的心态、诚恳的语言与家长、学生交流，十分细致地观察住家的一切。

家长、学生给予配合。志愿者普遍反应是，学生们在接到走访通知后，都尽力地空出时间，提前到家楼下、门口甚至路口迎接。家访全程，他们或腼腆谦逊，或大方坦诚，但都有一个共同点，就是在谈及自己的家庭情况时都很冷静与诚实，没有一丝刻意的修饰与隐瞒。但从眼神里还是看出他们的辛酸和渴望。或许正是出于改变自己和家人的命运的坚定梦想，他们在这样的环境与压力下坚强地挺过来，努力奋进，取得并不逊于家庭富裕孩子的高考成绩，让人在心疼之余也倍感欣慰。还有的家长从田头或破旧的工棚，满头大汗地赶回。

一位志愿者回忆说，印象中最为深刻的是一个叫小杨的男孩子，一米六几的个头，不高，但是身体很结实。小小的年纪，面容看起来却很沧桑，说话声音不大，文质彬彬的，很谦逊也很有礼貌。在家访前电话沟通时，他的妈妈说他去了福州打暑假工，可能赶不回来。志愿者本打算放弃走访他家的行程，他第二天却硬是赶回来了，这也着实让志愿者触动了一下。他家里还有一个念小学的妹妹，全靠妈妈给人做保姆养家。一家人住在十几平方米的出租屋内，房间小却很整洁。邻居看情况也时常帮扶。小小年纪的他也知恩图报，在寒暑假与双休日去邻居家帮忙。

——体会深刻，纷纷写出感言。

志愿者的行为凸显了社会对贫困生的关怀，不只是出钱，而且是用心，是“经济与人文并重”的观念。他们有着高度的责任感与人文精神，在走访中，其真诚行为不仅感染贫困生及家庭，而且自身也得到教育，感动了企业，感动了自身家庭。不少志愿者写出感言，发出的许多感慨，在此列举一二。

戴尔公司志愿者感言：“烈日当空，骄阳似火，都没能阻止志愿者们想尽绵薄之力的公益之心。这么多年来，戴尔志愿者利用周末的休息时间，走街串巷，奔走在全市六个区，不论是城市的犄角旮旯，还是深山小村，我们不言辛苦，只为能帮助学生圆一个大学梦。有很多同事也带着自己的孩子参与了家访活动，这是最好的社会课堂，纸上谈兵不如实际参与。公益的路上，我们一路同行，感恩。

“走访几个家境相对贫苦或特困的学生家庭。虽然他们短时间里在经济上比较困厄，但是一定程度上，贫穷反而是他们的一种财富。他们每一家都不曾被贫困击败，都在尽自己最大的努力改善家境的困窘。诸多学生除了在完成好自身学业外，课余假期也都在为家庭分担困难。虽然生活没有赋予他们物质上的享受，但他们依然拥有精神上的乌托邦。人生难以拥有永恒富有，相信也不会有永远的贫穷。

“连续两年的走访工作，都是在三伏天完成的。虽然大热天家访很辛苦，回来还中暑了，但对我而言，收获最大的就是感动和感恩。我走访的贫困学生是‘人穷志坚’。我就是为这一群孩子而感动，感动于他们甚至比一些一般家庭、富裕家庭的孩子更优秀，更懂得用知识改变命运。我们的社会有越来越健全的制度帮助贫困学生，不让任何一个学生因为贫困丧失了接受教育的机会。我为生活在这样的社会而感恩。作为志愿者，可以跟贫困学生近距离接触，给需要帮助的学生提供帮助，给他们的入学和以后的就业提供一些建议与帮助，也是我们作为社会一分子的责任和义务。”

国际银行志愿者感言：“这次活动对我来说是心灵上的震撼，精神上的洗礼，阅历上的升华。对于接受一定资助的贫困学生来说，物质上的赞助虽不多，但是那份礼物却可以带来惊喜，让他们感觉到自己并不孤独，而是生活在一个充满关爱的大家庭里。当我们作为志愿者把爱心资助款放在学生手上的时候，其意义不仅仅是给予贫困生学生金钱捐助，让其圆大学梦，更重要的是，让贫困学生感受到来自社会各界对他们的关爱。当我们将这份爱心播撒在贫困学生的心中时，这对孩子的心灵是一种触动，让他们感受到社会温暖，增强自信，点燃起人生的梦想；并从中学会感恩，学会回馈，立志长大后做一个勇于担当、关爱他人的人。”

开慈善风气之先河

◎ 谭南周

在厦门市教育基金会旗下的100多个专项基金（资金）中，有一个专项基金最为瞩目，那就是“王淑景王文斗奖学基金”。我见证它的创办与发展，有幸为之服务30余年，颇有些感受。

——改革开放以来厦门第一个教育基金。

1987年10月，时任厦门市人大常委会主任王金水先生约我相见，委托我起草一份专项教育基金章程。动问何故，说是香港尧阳茶行王灿云女士拟捐赠一笔巨款，在厦门成立奖学基金。我拟好后，由他寄给了灿云女士。

1988年2月春节期间，灿云从香港回到厦门，王金水特地召集我们与她商谈此事，并事先准备一个方案。地点在厦门宾馆原五号楼接待厅。在座的有：市人大副主任周乔林、副市长蔡望怀、原市教委党组书记李永裕、原市教委主任郑炳忠，以及我等。商谈时，灿云表示捐赠200万港元，以先祖父、先父名讳成立“王淑景王文斗奖学基金会”（后政策调整为专项奖学基金，由市教育基金会代管）。当年3月，市政府批准正式成立。由灿云之妹王香芸女士（当时在加拿大）任理事长，李永裕任常务副理事长，主持工作，我任副秘书长（后任秘书长），处理具体事务。是时我任职于厦门市教科所，利用空余时间兼做这项工作。

当年8月，王金水、李永裕及我等人专赴香港，与灿云探讨奖学项目具体事项。同时走访了在港的企业界有关人士，为成立厦门市教育基金会做些宣传发动工作。9 月，在厦门宾馆明宵厅举行了第一次王氏奖学金颁奖活动，其奖励费用由灿云先行支付 10 万港元。

王氏奖学基金是改革开放以来厦门第一个教育基金，堪称先河。当时的 200 万港元是什么样的概念，可想而知。我去过尧阳茶行，在香港上环的一条普通街道，是一个门面不大的企业。灿云女士朴实低调，并不是“大有钱人”。然而她秉承先父遗愿，捐巨款而行慈善，实为难能可贵。它的成立，先于当年 9 月成立的市教育基金会，为之打下良好基础。

——只求奉献，不思索取，真正的慈善。

真正的慈善是大爱，不讲条件，不思索取，不求回报。王氏奖学基金就是这样慈善组织，奖学基金的捐赠者灿云女士及其兄弟姐妹就是这样充满爱心与慈善心的人群。

王氏奖学基金成立以来，一切具体事务都由管理小组负责。管理小组在基金会理事会领导下开展工作，许多事务由办公室处理。每年的经费收支及奖励活动等情况，及时征信于捐赠人，捐赠人因此给予充分的信任。

30 多年来，灿云及其兄弟姐妹与其他家庭成员，从未向市教育基金会提出任何个人要求，从未因私事寻求基金会帮助。她在厦门的妹妹丽云参加管理小组工作，非常踏实，十分谦和，每次研究事项，都是十分尊重基金会的意见，每次在颁奖会上的讲话，平易近人，充满人文关怀，与会学生无不动容。不少获奖者在文章中专门提到她。

灿云几次从香港、从加拿大回到厦门，比如参加奖学基金成立 10 周年、20 周年纪念活动，购买固定资产用于奖学金……从不需要基金会接待。当我们向她的慈善行为表示感谢时，她总是说：“首先要感谢你们给我一个关爱家乡的机会，是你们的努力工作才把奖学活动搞得这么出色。”2008 年 3 月，灿云、香芸从加拿大回来参加奖学基金成立 20 周年纪念活动。纪念会很隆重，在厦门宾馆明宵厅举行，市领导、市老领导、受惠学生，以及各界人士 200 多人与会，灿云在大会上的朴实形象、谦逊发言，给与会者留下深刻印象。她说：“教育是全社会的共同事业，我们这些侨居海外的人也应该尽绵薄之力。因此我越来越觉得，成立奖学基金是有意义的，我和我的兄弟姐妹愿它继续发展。”

——奖励优秀大学生成为亮丽的品牌。

王氏奖学基金一开始奖励对象包括中学中专三好生、中考优秀生、大专大学优秀生、高考优秀生、高考保送生、学科竞赛优秀生，逐渐调整为专门奖励厦门在全国高等学校的优秀学生。

30 多年来，奖励的优秀大学生超过 4000 人次，涵盖了北京大学、清华大学、中国人民大学、北京航空航天大学、北京师范大学、天津大学、南开大学、复旦大学、上海交通大学、中国科技大学、浙江大学、山东大学、厦门大学、吉林大学、中山大学、武汉大学、四川大学、西安交通大学、兰州大学等 170 多所高校，其中“211”“985”高校超过 40 所。

优秀大学生中有：校级及以上的三好生，校级一等奖学金及以上奖学金获得者，参加全国学科竞赛优胜者，参加学校科研项目获得成果者，在省级公开刊物发表论文者，参加国际国内大型活动优秀志愿者，在抗疫工作中表现突出者……他们在一个学年之间至少有两三项成绩与荣誉。有的从中学到大学、大学的各个年级，以至大学毕业都获得王氏奖学金，多次站在领奖台上。

这数千名的优秀生中，绝大多数成为各类人才。有的成为学者、专家、教授，有的成为厅、处级领导干部，有的成为劳模、优秀工作者，有的成为企业的精英、骨干。他们是厦门学子的佼佼者，已经或正在为经济建设、社会发展、文明进步做出贡献。在这些人的履历中，都有写上“获得王氏奖学金”这一项目，可见他们为获得这项荣誉感到自豪。

（谭南周，原厦门市教科所所长，厦门市教育基金会新闻发言人）

教育不等能　做善事不能等

——携手厦门市教育基金会圆梦助学

◎ 厦门群鑫机械工业有限公司

记得 2012 年 10 月的一天，时任厦门市教育基金会副理事长的张亚梅女士等人，到公司拜访林汉松董事长，这是群鑫和教育基金会的第一次结缘。亚梅副理事长向林董详细介绍厦门市教育基金会的宗旨和设会历程，林董事长听完介绍，10 分钟不到就决定捐资人民币 300 万元，在教育基金会设立“群鑫助学基金”，并确定基金旨在帮助孤儿等清寒学子顺利完成学业。助学基金的相关协议和管理办法还在拟定的过程中，林董事长就安排财务一次性支付捐款 300 万人民币。事后，张亚梅副理事长只要提到群鑫，必定说到“那是基金会成立以来收到最大的单笔金额的捐赠，而且 10 分钟不到就决定了”。

2020 年上半年受疫情影响，很多企业订单减少，开工率不足，利润下降，部分企业原计划的捐款受阻。同时很多原本不宽裕的家庭因收入减少陷入困难，需要基金会资助的人数有所增加。潘世建理事长特地来到公司关心企业的生产经营，并告知林董事长以上的情况，表示教育基金会要积极筹资，加大对家庭困难的应届大学生的资助。林董被教育基金会在疫情防控常态化背景下，仍坚持的大爱和责任担当所感动，决定新增对应届大学生的资助项目，资助范围初步计划是 30 人，共 18 万元。但林董心系贫困学子，一再追加，签协议时决定增加到 200 人，共 120 万元，全部用来资助 2020 年考上大学的贫困学生。

回看2012年10月，当时群鑫公司整体搬迁到同安不到一年，正处于新厂建成，很多工程还未完善的时候。但是林董却告诉群鑫全体的员工："教育不等能，做善事不能等，只要我们有能力就要去做，至于我们办公的环境、工作的条件可以慢慢改善。"2020年7月，新冠疫情的影响还不明朗，林董初心不改，坚持群鑫就是要扶危济困。这也是群鑫公司成立以来一直秉持的"福利共享"理念。

2012年结缘教育基金会以来，群鑫助学基金共捐助在校大学生324名，孤儿272名，应届高考贫困生200名，合计共796名。十年树木，百年树人。展望未来，青年一代肩负中华民族伟大复兴的重任，在圆梦助学的路上，群鑫愿与市教育基金会携手努力，为更多需要的孩子铺路，让更多的孩子能学有所成，希望他们将来能做出一番事业，实现自己的人生价值。

扶贫济困、乐善好施是中华民族的传统美德，践行公益、传递爱心也是现代社会的基本价值。回馈社会，善尽企业的社会责任，群鑫责无旁贷。截至2020年，群鑫的捐助涵盖教育、医疗、环境、文化等领域，累计金额达2500多万元。

慈心为人，善举济世。相信所有宝贵的慈善资源，在市教育基金会的平台上一定会得到充分利用，惠及更多需要帮助的孩子。我们的厦门也会因此更加和谐、美好。

精准扶贫　助学圆梦

◎ 厦门市铁晟进出口有限公司

30 多年来，厦门市教育基金会得到了社会各界与海外华侨华人、港澳台同胞的广泛支持，不断发展壮大，硕果累累。奖助面不仅覆盖本市大中小学、幼儿园、校外教育阵地，而且还根据捐赠人意愿，扩展到本省其他县市与四川灾区等地，产生了良好的社会影响。基金会积极募集教育基金，并坚持诚信透明开展奖助活动。为做到“精准扶贫”，无论严寒酷暑，基金会领导都会亲自走访贫困生家庭和需资助的大病教师，带去人文关怀，用真心实意让广大受益者感到社会的温暖。基金会未出现任何资金流失现象，实现了奖助等各项事务零投诉，有着良好的信誉与较强的社会公信力，两度荣获“5A 级社会组织”称号，名列 5A 级基金会榜首。

2020 年，虽然新冠疫情给筹募教育基金、开展慈善活动带来了困难，但市教育基金会秉承“开展慈善，贵在用心”的理念，振奋精神，坚持开拓慈善事业。在疫情防控常态化背景下，2020 年资助我市考入大学的学子 854 名，资助总额约 529 万元。资助生数比前一年增加了 130 名，增长 18%。另外，为支援湖北抗击疫情，基金会捐款 30 万元。前一年暑假期间，向湖北宜昌贫困大学新生资助 45 万元。

公益扶贫，教育为先。多年来，铁晟积极履行企业社会责任，坚持爱心助学，助力精准扶贫，以实际行动奉献爱心、回馈社会。我公司自 2013 年起与基金会合作，捐资设立铁晟助学金。在厦门市教育基金会支持下，铁晟助学金持续多年开展公益助学项目，不间断资助贫困学生共计

15 名，资助金额达 46.5 万元。在资助期间，基金会定期往返于捐赠单位及受赠者之间，为双方建起了良好的沟通桥梁和特殊的情感纽带，创造了区别于亲缘关系的家的氛围。受资助学生通过一封封信件向捐赠者表达了强烈的感激之情，并立志奋发图强，成长成才，早日回报社会，让捐赠者倍感欣慰。

基金会激励了莘莘学子，对学子而言，基金会丰满了青少年飞翔的羽翼翅膀，提供的不仅是物质鼓励，更是他们执着追求梦想、积极回馈社会的强大动力。同时为捐赠者履行社会责任提供了值得信赖且意义非凡的平台，尽了公益组织应尽之责，用行动和实绩弘扬、诠释了公益精神和慈善文化。

未来，厦门市教育基金会将继续传播和弘扬爱心社会的文化，连接捐赠双方，惠泽更多需要帮扶的学子，为推动我国教育事业的发展，为世界减贫事业的“中国方案”做出强有力的贡献。

点滴爱心　聚沙成塔

◎ 厦门华远建设集团

厦门华远建设集团成立于1994年，在守法经营、稳步发展的同时，不忘回馈社会，常年资助全国各地108位贫困学生，先后捐建了福清师东小学、同安华远希望小学、华远褒美小学。集团在1997年就成立了党支部，不定期组织党员走访慰问贫困生家庭，在希望小学的建设过程中，还抽调优秀的党员干部参与施工管理，全力把好工程质量关。至今已累计向希望工程捐资超千万元。

与厦门市教育基金会"结缘"始于2011年，当年集团董事长严文亮先生从《海峡导报》上看到了高考贫困生的报道后，立刻指示办公室联系市慈善总会提供需要资助的学生名单，随即支付了30位高考贫困生的资助金。在知道"爱心助学"活动的主要发起单位实为厦门市教育基金会后，华远集团就成了市教育基金会的拥趸，年年参加教育基金会的"爱心助学"活动。截至2019年，已累计资助高考贫困生354名，总金额约187万元。

每年到了毕业季，从最初的由市教育基金会提供贫困学生名单让公司筛选，慢慢地变成了只要市教育基金会提供名单，公司就直接拨款，捐资助学成了一种默契和习惯。现在，公司和基金会就像朋友一样亲密无间，公司相信基金会提供的每一个资助的贫困学生名单，一定是经过认真审核把关的，他们一定会让公司的爱心落到实处！

在每年的爱心助学金颁发会上，我们见到台下不同的面孔，倾听不同的学生代表细述着他们困境、诉说着他们的求学梦想和感恩之情，不变的是华远集团为寒门学子助上一臂之力的拳拳爱心。

年复一年，认识了越来越多奉献爱心的企业和个人，见证了一个又一个爱心故事。市教育基金会这个平台，让爱心有了出路，让爱心有了归属，让爱心不留遗憾！

经过几年与市教育基金会的合作，公司办公司主任王民兴有幸于2016年成为第六届理事会的一名理事，获得了进一步了解和参与基金会管理事务的机会。5年来，见证了市教育基金会在新一届理事会潘世建理事长、张亚梅副理事长、郭庆俊书记等领导的带领下，基金总量年年递增，奖助规模年年扩大的蓬勃发展态势；见证了他们为看望贫困学生、慰问患病老师不辞辛劳，不惜风吹日晒、饥肠辘辘，却无怨无悔；为筹集资金，走访企业，拜访爱心人士，乐此不疲；见证了他们因没能及时为患病教师提供帮助而唏嘘不已；见证了他们作为共产党员的持之以恒，为了教育事业不忘初心、永不言弃。

为了慈善事业，他们倾注了所有爱心，任劳任怨。连续两年获得“5A级社会组织”的殊荣，就是社会对基金会工作最大的肯定，也是他们作为中国共产党员，践行全心全意为为人民服务、奋勇争先的明证。

三十年弹指一挥间，无数受过市教育基金奖助的学生和老师，有的学生早已是行业精英、社会栋梁、优秀党员干部，有的学生还在做学问的路上挥洒汗水，有的老师还继续奋战在教育战线上教书育人，有的老师早已满头白发都还在继续为教育事业发光发热。

第三部分

捐资兴学三十载　助人圆梦功无量

◎ 厦门大学学生工作处

1988 年 9 月，厦门市教育基金会在众人的热切期盼中宣告成立，正值教育事业发展上升期的厦门大学为此欣喜且感动。我们欣喜于基金会为教育事业大厦添砖加瓦，我们感动于社会爱心人士一呼百应齐心助学。30 年来，基金会广泛发动社会各方面力量和海内外人士筹集基金，资助教育事业开展，弘扬中华民族尊师重教的优良传统，提高教师社会地位，激励学生奋发学习，推动全社会关心和支持教育事业，为我市教育事业的发展做出了突出贡献，厦大学子也深深受益。

信任——声誉无价，实至名归

厦门市教育基金会 30 年的工作历程，得到厦门市委、市政府、市教育局的大力支持和高度重视，同时也得到本市社会各界与海外华侨华人、港澳台同胞的广泛支持，基金会不断发展壮大，逐步建设成为一个制度法规完善、组织机构健全、资金管控严格、教育资助全面、社会信誉良好的公益性社会团体。

2017 年，厦门市教育基金会共奖助师生 4548 人，资助金额高达 1714.62 万元，由于资助工作量巨大，成果显著，取得了良好的社会效应，在福建省 2018 年 4 月公布的全省性社会组织评估结果中，厦门市教育基金会继续获得最高等级的 5A 级，且在全省各类基金会中获得最高得分。这是厦门市教育基金会第二次获得 5A 级，可谓实至名归。

感恩——点滴资助，传递善心

厦门市教育基金会与厦门大学有着长久的合作历史，早在市教育基金会成立之初，双方就已经建立合作，如厦门市教育基金会在我校设立的“洪恭仕洪文发助学金”，该助学基金是由新加坡实业家洪恭仕、洪文发叔侄于 1987 年建立的，是厦门市第一个资助贫困大学生的基金，用于资助厦大、集大、理工学院、厦门电大、华厦学院的家庭经济困难学生，至今已经设立 31 年。在这项助学金的资助下，我校 120 多名家庭经济困难的学生顺利完成学业。此外，厦门市教育基金会在我校设立的“陈剑渊王耐助学金”也已经连续开展 18 年，“陈剑渊王耐助学基金”是由新加坡华侨锺陈淑琴女士为纪念先尊先慈于 2001 年设立的，旨在支持厦门教育，扶掖清寒学子，帮助他们完成学业。18 年来，该助学金共资助了厦门大学 60 多名贫困大学生顺利完成学业。如今，那些早年受助的学生已活跃在社会各行各业，实现着自己的人生理想，为社会主义建设贡献着自己的一份力量。

厦门市教育基金会理事长潘世建曾表示：对贫困生的资助，不仅要把钱递给他们，更重要的是把爱递给他们。这充分地体现了基金会的爱心、善心和公益心。基金会广纳义举，广播善心，弘扬中华民族扶贫济困、尊师重道的传统美德，在资助贫困生、帮扶大病教师、奖励师生、支持学校发展等方面做了大量工作，为社会上的困难个人和群体提供了物资扶助和精神抚慰，为我市慈善公益事业、教育事业的健康发展做出了重要贡献。基金会用善举感动着受助者，也用善心感召着更多人加入这一行列，共同用实际行动证明“捐赠教育基金是最佳慈善选择”。

支持——深入合作，企盼未来

党的十九大将新时期我国社会的主要矛盾概括为“人民日益增长的美好生活需要和不平衡不充分的发展之间的矛盾”，广大学子对接受高等教育的向往正是美好生活的具体体现之一，为贫困学生解决经济难题，不让任何一名学生因家庭经济困难而失学，厦门大学责无旁贷。令人高兴的是，随着国家教育资助体系的完善，以及以厦门市教育基金会为代表的社会团体，对我校教育事业的鼎力支持，各项助学金的设立极大地帮助了我校家庭经济困难学生，为他们解除了后顾之忧。

扶贫是一场攻坚持久战，需要全社会的通力合作与支持。目前，我校仍然有一些家庭经济困难学生因为经济拮据而在生活和精神上承受着较大压力，迫切需要社会各界伸出援手。学校衷心感谢厦门市教育基金会的乐善好施、扶贫济困，也期望与市基金会在今后开展更多广泛而深入的合作，为更多贫困学子、大病教师雪中送炭，共同实现精准帮扶、扶贫扶志、筑梦育人的宏伟资助目标。

（此文为厦门大学学生工作处为厦门市教育基金会成立30周年而作）

关爱筑就梦想　教育成就未来

◎ 厦门市云顶学校

厦门市云顶学校建校以来，在厦门市教育基金会的热心帮扶下，学校一步一个台阶，逐步进入日新月异的发展快车道，逐着教育之梦奔逸绝尘。

沐浴关怀　力谋发展

厦门市云顶学校的前身是厦门市外来员工子弟学校，是一所具有光荣历史的学校。1999 年 12 月，在厦门市关工委老同志的不懈努力和厦门市委、市政府的关心支持下，厦门市外来员工子弟学校得以创办，是厦门市第一所接收外来员工子弟的九年一贯制民办学校。学校秉承“一切为了外来员工子弟健康成长”的办学宗旨，公益办学，实施素质教育。12 年的办学历程，办出了特色，办出了质量，为缓解厦门经济特区外来员工子女“上学难”问题做出了贡献，为厦门经济、社会发展做出了贡献。

2011 年 8 月，经厦门市关工委提议、厦门市政府同意，“厦门外来员工子弟学校”更名为“厦门市云顶学校”，隶属思明区教育局管理，学校成为厦门市关心外来员工子弟健康成长的窗口。

自办学以来，厦门市教育基金会对厦门市云顶学校持续开展助学活动，设立颁发了贝莱胜助学金、市侨乡促进会（外来员工子弟学校教育基金）等。1999 至 2011 年，厦门市外来员工子弟学校期间，学校共有 2000 多人次得到厦门市教育基金会等关爱联盟单位资助，金额达 170 多万元。

2011 年以来，厦门市云顶学校期间，厦门市教育基金会继续对学校贫困学生进行资助，共有近 600 人次获得 40 多万元的资助。

在厦门市教育基金会的关爱和帮助下，学校快速发展，目前拥有 54 个教学班，2300 多位学生，170 多位教职工。学校办学条件日益优化，教学设施逐步完善，学校信息化水平不断提升，逐步实现了学校的变革转型，学校进入了快速发展的新时期。

一路走来，厦门市教育基金会一直把资助云顶学校的工作列入重要议事日程，高看一眼，厚爱一分。

承蒙关照　桃李花开

在思明区“世外桃源”式的最美生态校园，全校师生秉承“饮水思源，奋发图强”的理念，不断突破自我，超越自我，收获了教育教学的累累硕果。

“体育”成为学校五育特色之一。积极开展举重、排球、足球等许多体育兴趣社团活动，并在省区市比赛中屡获佳绩。学校举重队 2016 年建立以来，参加厦门市中小学生举重锦标赛，连续三年蝉联男、女团体冠军。1999 年，学校举重队和初中女子排球队代表思明区出战第二十届厦门市运动会，取得骄人成绩。

“科技”成为学校的智慧亮点。开辟了“智慧农园”实践基地，建立了“FLL 机器人”等科技兴趣社团，参加全国中小学信息技术创新与实践大赛（NOC）、省市青少年 FLL 机器人挑战赛、区创客大赛连连获奖。

艺术成为学校的生命底色。开设了合唱、舞蹈、绘画等艺术类兴趣社团。2015 年参加厦门市“鹭岛花朵”少儿文艺汇演荣获金奖，2019 年再获银奖。

教学成为学校的镀金名片。2015 年 9 月到 2020 年，教学不断突破，成绩稳步提升。2020 年，初三 6 个毕业班考入“一双外”20 人，考入一级达标校 79 人，考入普高 109 人，再次刷新纪录，实现三个新突破、大跨越。培养出“全国最美中学生”兰芳、清华学子陈彦哲、上海交大温海林等优秀学生。

学校被授予“厦门市平安校园”“厦门市文明校园”“厦门市首批智慧校园”“福建省青少年校园足球特色学校”“福建省义务教育管理标准化学校”等荣誉称号。学校办学成果受到广泛关注，《人民日报》、香港《大公报》、《厦门日报》、《厦门晚报》，以及中央电视台、中央教育台、福建电视台等新闻媒体对学校曾做过多次的报道，在全国形成一定的影响。

饮水思源　关爱筑梦

盈尺之辉必报以通明灯火，更何况是无价的爱与雪中送炭。云顶的学子深谙感恩的生存智慧和道德底线，他们用自己的实际行动来回馈社会。

学校德育处每年抓住雷锋日教育契机，启动“做一个有道德的人，云顶小义工在行动”仪式，开展一年的小义工系列实践活动。2015 年 3 月 5 日，成立首届义工团，该义工团由在校受过资助的学生组成，他们根据自己的意愿选择服务岗位。之后，每年的 3 月 5 日均举行“做一个有道德的人，云顶小义工在行动”启动仪式，每年小义工人数都有近 200 人，这些义工团成员会分成多支服务队伍，义工服务队成员分别在校园内外多个岗位服务。通过志愿服务，孩子们用他们的实际行动感恩回馈学校、回馈社会，同时也培养和增强了对自己、对他人、对社会的责任意识。“云顶小义工团”志愿服务成为学校最亮丽的风景线，关爱成为学校自上而下的办学精神。

厦门市云顶学校由民办到公办，校园由简陋到美丽，师资由薄弱逐步增强，办学质量不断提升，这一切的蜕变，都离不开教育基金会的关爱与扶持。展望未来，我们满怀信心，奋勇前行，励精图治，严谨办校，追求高质量、现代化、高颜值，办成一所充满生机与活力的生态学校，造福人民，回馈社会。

职业·专业·敬业

——厦门市教育基金会“精准扶贫”理念的生动实践

◎ 黄智敏

2013 年，习近平总书记在湖南考察调研时，首次提出“精准扶贫”理念。脱贫攻坚关键阶段，总书记反复强调“精准扶贫”的重要性。

在厦门，有这么一个慈善组织，多年来始终把“精准扶贫”理念贯穿在工作的每个环节，确保把每一分钱都用到刀刃上，都真真切切地帮助到需要帮助的人。

这个组织，就是厦门市教育基金会。多年以来，《海峡导报》与市教育基金会携手共进，以每年一度的爱心助学行动为代表，举办了许多慈善活动，为建设“爱心厦门”贡献了力量。2020 年我们合作开展的“海峡连三峡，宜鹭爱相随”宜昌助学行活动，更是充分体现了市教育基金会对待慈善事业的职业、专业、敬业，对“精准扶贫”理念的深刻认识和主动实践。

2020 年是不平常的一年，突如其来的新冠疫情在湖北暴发。根据中央统一安排，福建省对口支援宜昌抗击疫情。宜昌疫情，让远隔千里的福建和宜昌两地，心手相连。

在两地人民齐心协力下，宜昌疫情态势整体向好向稳。但受疫情影响，宜昌市经济社会发展和人民生活遇到了一些困难，《海峡导报》又与宜昌市委机关报《三峡日报》携手推出“海峡连三峡，宜鹭爱相随”大型爱心行动。接棒八闽白衣勇士的大爱精神，发起爱心行动倡议，呼吁厦门社会各界一道向宜昌人民献爱心，把两地深厚的战疫情化为疫后建设新家园的筑爱行动。宜昌爱心助学行，就是重点项目之一。

作为《海峡导报》爱心助学活动的长期合作伙伴，厦门市教育基金会得知这一行动后，立即响应，加入主办单位的行列中来。

潘世建理事长对这一项目充满热情，第一时间就联系了多家爱心单位、爱心企业，很快就达成了多个合作意向。在短短两三天内，9 家单位、企业响应潘理事长和《海峡导报》的号召，落实了 45 万元的助学款。按照厦门本市学生每人 6000 元的资助标准，主办方确定资助 75 位宜昌学生。

参照资助本市学生的程序，厦门市教育基金会立即启动了严格的申报、审核、发放程序，并没有因为这次资助对象在千里之外，而放松要求，或采取“外包”给当地单位的做法。在市教育基金会看来，只要是通过自己筹集到的爱心款，用途和去向都要清清楚楚、明明白白，让捐资人放心，让社会放心。

要知道，受疫情及其他客观因素影响，去年厦门本市申请助学金的人数也创了新高，再加上 75 位宜昌学生，要在秋季开学之前，完成这么多学生的审核和资助，基金会的工作压力陡然增大。但他们凭着职业、专业、敬业的精神，兢兢业业，把这项事关中央重大部署和闽鄂情谊的大事做好、做扎实。

在《海峡导报》、《三峡日报》和宜昌市教育局的积极配合下，厦门市教育基金会很快就收齐了 75 位拟资助学生的助学金申请表，并逐一进行审核。已年过七旬的基金会新闻发言人谭南周老师，不辞辛劳地对这份名单重新整理、反复审核，还与宜昌方面和捐资单位沟通，确保每一个孩子的情况和每一笔捐助都精准无误。

审核通过后，基金会组织志愿者对 75 名受助学生一一回访，收集其录取院校及银行卡号，建立微信群，及时告知他们相关注意事项。在秋季开学前，将每人 6000 元助学金直接打进学生的卡内，不经过任何中间环节。其中 10 名《海峡导报》上报道过的宜昌学生，还有不少读者自发为他们捐款。不论钱多钱少，都是厦门市民的深情厚谊，虽然这些钱比较零散，基金会仍然逐一清晰对账，根据捐款人的指定对象，一分不少地打到指定学生的卡上，并在《海峡导报》上对外公示。

“精确到人”，这是市教育基金会30多年来助学做慈善的一个原则，这正是对“精准扶贫”理念的生动贯彻和实践，避免了因中间环节而产生的各种问题。虽然这样做的工作量要大很多，但是他们始终坚持了这一原则。

2020年8月26日，“厦门爱心助学宜昌行”捐赠仪式在宜昌市举行。海峡导报社和9家捐资单位的代表共赴宜昌，见证这一暖心时刻。然而，厦门市教育基金会的代表却未能同行。他们真的太忙了，资助宜昌75名学生后，还要资助800多名本地贫困大学生、慰问大病教师……真的是“一个人都抽不出来”！

人虽未同行，心却在一起。导报和爱心单位的领导和代表，带着基金会和潘理事长的关怀和嘱托，将基金会的深情厚谊转达给千里之外的宜昌学子。在与基金会的交流中，宜昌的学子们被深深打动，他们纷纷在微信上表达感激之情，有的还表示毕业后想来厦门这座“爱心之城”工作，要把这份爱心继续传递下去。

宜昌助学行的实践，只是市教育基金会30多年来贯彻“精准扶贫”理念的一个缩影。正因为坚持了这个重要理念，坚持以人为本、用心关怀，用职业的人，凭敬业的心，做专业的事，基金会才做到了成立以来“零投诉”，两次获评福建省“5A级社会组织”，得到了社会各界的普遍肯定和好评。

（黄智敏，《海峡导报》编辑、记者）

彰显媒体担当　大爱搭桥千里助学

◎ 钱玲玲

2020年，在我的稿件里，有几个关键词经常出现：宜昌，助学，爱心厦门。

这是很特别的一年。突如其来的一场疫情，让湖北成了“重灾区”，福建省对口驰援湖北宜昌抗击疫情。海峡导报社接棒“白衣战士”的大爱精神，携手三峡日报社发起“海峡连三峡，宜鹭爱相随”大型策划系列活动，“爱心助学”也是其中一项。

◆两地媒体联动，汇聚厦门无价爱心

“爱心助学”活动，《海峡导报》已经坚持了17年。那是2004年，《海峡导报》联合厦门市教育基金会推出大型助学活动“帮我一把我能飞”，旨在帮助寒门学子圆大学梦，17年来，已筹得社会各界爱心款一千多万元，帮助500多位寒门学子走进大学。

2020年，这个爱心助学活动首次走出福建，走进湖北宜昌。8月3日，由厦门市教育基金会、宜昌市教育局、海峡导报社、三峡日报社共同主办的“海峡连三峡，宜鹭爱相随”大型策划之爱心助学活动在厦门与宜昌两地同步启动。

作为具体负责执行宜昌爱心助学活动的记者，在前期近一个月的时间里，我努力克服距离上的障碍，与宜昌当地媒体携手，深入采写了10位宜昌贫困学子的励志故事，在《海峡导报》和三峡日报社旗下媒体《三峡商报》上陆续刊登。

一时间，报道引发社会各界高度关注，许多爱心人士为之动容，纷纷倾囊相助。厦门市教育基金会潘世建理事长、郭庆俊副理事长等领导部署参与，与海峡导报社领导等积极联系厦门企业家为宜昌学子筹措助学金，像关心厦门本地学子一样关注宜昌的贫困学子。短时间内，共有 9 家爱心单位，积极捐赠出 45 万元爱心款。

◆千里逆行助学，进村入户实地走访

如何将这些爱心款精准地送到需要帮助的学生手里，考验着媒体的责任与担当。

8 月 25 日，当不少人还在“谈湖北色变”时，在厦门市教育基金会的支持下，由海峡导报社总编辑陈创业带队的厦门爱心助学团“逆行”出发，跨越一千多公里，奔赴宜昌。

“海峡连三峡，宜鹭爱相随”爱心助学团，是继福建医疗援助团之后，首个前往宜昌的福建爱心援助团，受到宜昌人民的热烈欢迎和感激。

在宜昌期间，助学团冒着酷暑进村入户，实地走访贫困学生家庭，与他们面对面座谈，一对一核实。我作为助学团里唯一的记者，一方面需要负责沟通联络、安排行程等事务性工作，一方面还要一肩挑起报道任务，以全媒体方式将活动情况实时发回厦门，也将宜昌人民的感激之情传递回来。

这 45 万元爱心款，帮助 75 名宜昌贫困学子解决了第一年学费，圆了他们的大学梦。这 75 个孩子，记住了来自福建厦门的厦门市教育基金会和《海峡导报》。

受助学生代表王依平说：“我们一定刻苦学习，用优异的成绩回报你们的爱心捐助，决不辜负你们的殷切期望！”

宜昌市委宣传部副部长刘革新说

，看到这样的爱心活动，“一股暖流涌上心头，我的眼中闪现着泪花，

对福建、厦门的感恩之心油然而生”。

◆见证两地情谊，谱写爱心厦门赞歌

“海峡连三峡，宜鹭爱相随”是福建媒体中唯一一家关爱宜昌的跨省爱心行动，背景特殊，影响力爆棚，通过厦门和宜昌两地媒体联动，众多市民、企业、机构踊跃参与。爱心行动募集了大量的助学爱心款，更传播了来自福建、来自厦门的无价爱心。

此次活动，也是异地媒体联动策划报道的成功案例。三峡日报社通过报纸和新媒体等多种形式对活动进行广泛宣传，“宜昌发布”官方微博也刊发报道，盛赞厦门大爱。活动更得到厦门和宜昌两市主要领导的高度赞赏，宜昌市还专程派人来厦回访，表达感恩之情。

疫情无情人有情。在这场没有硝烟的战斗中，《海峡导报》积极作为，跳出常规报道套路，主动将自己从“记录者”升级为“排头兵”，利用开放性的媒体平台，汇聚起厦门人民的爱心，同时整合方方面面的社会资源，为对口援助地区“雪中送炭”，将厦门与宜昌的“千里情缘”持续联结。

时间紧，任务重，那一条条弯弯曲曲的山路，见证了厦门人民与宜昌人民的深情厚谊，也进一步体现了两地媒体的责任与担当，谱写了一曲“爱心厦门”的赞歌。作为一名记者，能在这首赞歌上添上一个音符，我感到荣幸和快乐。

（钱玲玲，《海峡导报》记者）

慈善心诚　关爱情重

◎ 厦门工商旅游学校工会

对大病教师的物质资助和人文关怀，是厦门市教育基金会最有特色的慈善项目。2018 年以来，基金会对我校 9 位大病教职工给予 16 万元的资助，对 7 位大病教职工逐个登门入户，一一慰问，送上温暖的人文关怀。在春节、教师节期间，还分别对我校 34 位病困教职工进行慰问，每人 2000 元，合计 68000 元慰问金。

病魔无情，人间有爱。当我们工会人看到患病的教职工因病陷入困难时，心急如焚，心如刀绞，总是积极地为他们争取社会的帮助。厦门市教育局、厦门市教育基金会雪中送炭，给病困老师送来了救命钱。

面对这些，身患重病的郭老师的家属说："很幸运，我的女儿生在新时代，很幸运是厦门教育人。教育局、教育基金会给我们家庭送来了温暖，帮助我女儿，帮助我们的家庭渡过难关，给予我们物质、精神上的很大支持。"朴实的语言表达深深的谢意。

郭老师于 2016 年确诊为非霍奇金淋巴瘤。她历经骨髓移植失败，几十次的放化疗，至今仍非常坚强乐观。她说："非常感谢厦门教育基金会。我患病以来，基金会为我筹措将近 40000 元的重疾补助和病困慰问金，潘世建理事长连续三年教师节、春节都来到我家关心我、鼓励我。刚确诊时，内心非常惶恐，非常悲观。病魔的折磨，身体的剧烈疼痛，让自己一度有轻生放弃治疗、放弃生命的想法。在我最困难的时候，潘理事长，还有市教育工会的郑强主席，以及校领导和校工会干部来慰问我。潘理事长的关心、鼓励、开导，让我对生命重新有了渴望，让我对战胜病魔有了信心和力量。当我在治疗过程非常痛苦时，我想起了潘理事长、基金会对我关爱，想起了党组织的关心，我咬紧牙关，努力一点再努力一点，慢慢地，我战胜了自己，如今我的体重从不到35公斤到50多公斤，我的身体越来越好了，心中唯有感恩，感谢学校、感谢教育工会、感谢教育基金会。”

厦门市教育基金会是真正的慈善组织。心存关爱，情系学校与教师。厦门工商旅游学校老师一讲起基金会，均生感激之情。这份浓浓真情和爱心，将会推动我们更加努力地工作。

患难显真情　大爱暖人心

◎薛　彬

“真心感谢学校、学院还有上级单位领导和同仁对重病期间的施钢一贯的关心和帮助！这使我深感欣慰和莫大的支持，真的太感谢你们了，不知如何表达内心的感激，你们所做的一切都足以告慰施钢的在天之灵……”。作为厦门理工学院材料科学与工程学院党委副书记兼工会主席的我，2018 年 5 月 15 日在天马山福泽园参加完施钢老师的遗体告别仪式后，耳畔至今还不时回响起其爱人葛云同志拉着我的手，泣不成声但发自肺腑的一番话。

施钢，是厦门理工学院材料科学与工程学院的一名优秀老师。5 月 13 日下午 5 点 40 分，那天正好是母亲节，57 岁的他却因病医治无效，永远地离开了热爱的讲台和亲朋好友。

回首 2005 年，作为学校首位引进的留美材料专业博士，施老师正式调入了厦门理工学院任教，成为材料成型专业的首任系主任。作为国际材料协会会员，福建省引进的高层次人才、厦门市科技咨询评估专家的他，又于 2008 年晋升为副教授。工作上，施老师治学严谨、踏实敬业、热爱教育、热爱学生，课余常常热心帮助、指导青年教师，甘当人梯。同事们对他的印象，经常是看到他常年背着个简陋的小包，骑着电动车或搭乘公交车奔波往返于家与单位之间。妻子葛云同志回忆，施钢自从参与申报国家自然科学基金、承担福建省教育厅科技项目后，变得更忙了，一撰写科研文章就十分投入，坐下来就是一个半天，倒在手边水壶里的水也经常忘了喝。每次，妻子提醒他要多喝水，却总被他打断说：“工作中忌分神，等工作做完再喝也不迟。”

然而，勤勉于教育事业的他，却在2014年一次体检中被查出患有罕见的平滑肌瘤病。当时，医生有一句“此病可能有恶化倾向”的叮嘱，他却没有放在心上。2015年年底，恰逢学院材料成型专业准备迎接IEET工程认证，施老师和学院其他老师一同去福州出差培训时突感不适，经医院检查确诊为良性转为恶性，医生要求他立即住院观察并采取放疗。于是，施老师不得不中断了手上忙碌的工作，开始了陆续三年之久的治疗过程。

由于两个孩子长期都在美国读书、工作，妻子为了照顾孩子一直久居国外。生活中和蔼可亲、勤俭朴素、踏实诚信的施老师，对待家人忠诚可靠、智慧慈祥、敢于担当，既是妻子眼中温柔浪漫的爱人，也是孩子心中顶天立地的父亲。为了不让家人过多担心，施老师毅然决然选择一人在厦治疗，也是考虑假设病情能好转，尽可能兼顾治疗与工作两不误。施老师家中亲戚大多年岁已高，年过九旬的老父亲更是行动迟缓，坚强的他总是隐瞒病情，能不麻烦家人的，尽量一人去承受。

病魔无情人有情，学院工会得知他的病情后，立即上报校工会。几年来，学校分管领导多次询问、关心施老师治疗的进展状况。校工会领导、学院领导更是多次到其病房、家中探望。校教育基金会获悉后也及时给予多次补助，共计6000元，体现了学校浓浓的大爱仁心。学院分工会委员在学校工会的具体指导下，及时协助施老师办理住院补助、医疗互助保障等事宜，每逢节假日，代表学校送去慰问金和慰问品，表达各方应有的关切之情。

但是，随着病情日渐恶化，医院安排施老师放疗的频率更加密集，治疗费用的压力也日益加重。肿瘤开始转移到骨头等多处，疼痛折磨到他下不了地，日常起居更是有所不便。远隔重洋的妻子，因为一边要照看生病住院的大女儿，一边要照顾未成年的小儿子，实在是爱莫能助，没有办法一直跟随在施老师的身边，人力上遇到了极大不便。学院工会得知这一情况后，第一时间伸出援手，担负起“娘家人”的角色，在学院会员中倡议组建“爱心志愿小分队”，采取自愿报名、微信接龙的方式，志愿者轮流到院值守，确保治疗期间不离人，帮助施老师共渡难关。院内整个报名过程十分顺利，老师们踊跃参与，不到半天就凑齐了陪护需要的人数，我本人也和大家一同在医院陪护施老师多天，亲眼见证了“工会小家”成员们积极热心、共帮互助的暖暖情谊。值得一提的是，学院材料学系的杨勇博士自告奋勇，主动担当照顾施老师生活的义务，每周定期为施老师采购必备的生活用品和柴油米面、瓜果蔬菜，保证营养供给不断炊。为此，葛云同志每次谈及此事，也是感动不已。

治疗中的施老师是顽强且乐观的。放疗后的副作用带给身体一系列的反应，他顶住反胃呕吐的难受，拒绝打麻醉药，为的是保持头脑清醒，增强自己与病魔斗争的意志力。但是，由于该病尚属世界医治难题，他的病情十分凶险。为了能有效缓解经济上的压力，在校工会的牵头帮助下，学院向市教育基金会申请了重病资助专项金。没想到，很快，申请批复就下来了。在得知市教育基金会将给予施老师 2 万元的专项补助后，作为学院工会负责人的我十分感慨：一是感慨基金会办事效率如此之快，从小细节上就体现了基金会对重病老师的关心关怀，十分给力；二是感慨资助数额不小，一次 2 万元对家属缓解治疗急困，堪比“及时雨”。更让我没有料到的是，2017 年 12 月 28 日，听说市教育基金会工作人员要来看望施老师，上午我和校工会的陈梅芳老师早早就在施老师家楼下等候。而当基金会的车开到我们跟前时，第一个下来的人，我定睛一看，竟然是市政协原副主席、教育基金会潘世建理事长。潘老亲自带领工作人员一行上门，为施老师送来了 2 万元的慰问金。寒暄之余，潘老真切地说道：“现在我们加快了大病资助审批的流程，就是要越快越好，不然一些老师还没有等到申请下来就已经来不及了，这就让人太遗憾了！”话语中，满是他对教育系统中的病困老师的关切之情。

潘老在仔细询问施老师的病情后，亲切鼓励他积极治疗，安心养病，并祝愿他早日康复，重返讲坛。而施老师接过基金会递上的2万元救助金时，眼中泛起点点泪花，竟激动得一时语塞……过后，施老师给我发来一条短信：“非常感谢市教育基金会领导和学校、学院大家庭的爱心关怀给我战胜病魔的勇气和信心！”这条短信至今还保存在我的手机里，久久未删。因为我坚信，这是一位绝症老师在最后与病魔斗争的时光里，发自内心地用手机键盘一字一字敲出来的话，也正是这道扶贫济困的关爱光芒，曾燃起了他对生的希望，曾帮助他不放弃对美好明天的渴望……

尽管医术回天乏力，时至今日，逝者已安息。但是，回想施老师这一路治疗中的点点滴滴，这一切至今仍温暖人心、让人难以忘怀！

（薛彬，厦门理工学院材料科学与工程学院党委副书记兼工会主席）

爱心塑造更好的我

◎ 严双妙

我是一名特校教师。2019 年中秋节，因指导学校青年教师参加市赛课比赛，连着加班 3 天，出现了腹胀腰痛的症状。深入检查后发现腹部 6 厘米包块。进一步检查，胃、肺、子宫、卵巢都发现了占位。有经验的主治医生判断是恶性肿瘤。

听闻如晴天霹雳。“时间就是生命。已侵袭器脏直接化疗，边治疗边检查。”市第一医院李志峰主任这样说。第一疗程的化疗结束，病理报告也出来了，显示高级别伴双打击 B 细胞淋巴瘤，高危难治型。因侵袭多个器脏，所以采用多学科诊疗、血研所和血液科会诊的方式共同制定了艰难的治疗方案：96 小时重方案 + 腰穿 + 脑部预防 + 干细胞移植。这是一个常人难以承受的治疗方案：每一个疗程需要 9 天的化疗，中途做腰穿脊柱化疗，给药再做 5 天的大剂量氨甲蝶呤脑部预防。重方案一下对人的摧残是相当厉害的。饭吃不下，剧烈地呕吐；每天天旋地转，头发还一撮一撮地往下掉；全身乏力，极度虚弱。尤其是在骨髓抑制期，血象水平极低需要输血和输注血小板维持。我坚持 21 天完成一疗程，可喜的是化疗效果很好。2020 年 1 月 22 日检查显示完全缓解。2020 年 4 月份进仓进行自体干细胞移植。

学校是温暖的大家庭，社会向我伸出热情之手。我生病期间，得到区教育局、工会的关心帮助。厦门市教育基金会在得知我的病情后，第一时间发放教师大病资助基金 20000 元。除了将救命钱送到，厦门市教育基金会理事长潘世建，更是亲自上门关心。他鼓励我要乐观、坚强，与病魔作斗争；在治疗修养的期间好好休息，不要忧心工作，要保持乐观的精神状态，积极配合治疗，争取早日康复。当得知我的孩子正读高三面临高考，就让我有困难找组织，做好孩子的心理疏导工作。潘世建理事长再三叮嘱："高考对孩子是一个重要的转折点，不要因病影响孩子的学习，让组织一起帮忙解决困难。"

人皆有感恩之情。感谢市教育基金会不仅仅送来慰问金，还送来浓浓的人文关怀，温暖我心。如今的我，虽然还没有完全康复，还在维持治疗中，但检查的各项指标朝着好的方向发展。目前我保持积极乐观的心态，在学校领导和老师的关心帮助下，坚持上班、坚持锻炼。如今的我，坚定信念，乐观开朗，希望能给大家一个更坚强、更向上的"我"。

（严双妙，厦门市思明区特殊教育学校教师）

因为有爱　我更坚强

◎ 鄢传旺

爱是冬日的一道阳光，给人无限温暖；爱是沙漠里的一泓清泉，使濒临绝境的人重新看到生活的希望；爱是黑暗中的一盏灯，为迷茫的人照亮前行的方向；爱是患难与共，爱是一份温暖、一份关怀、一句鼓励……因为有爱，我更坚强。

一、生病

2012 年我通过招聘考试从建宁调入厦门外国语学校，担任生物老师，对于这来之不易的工作充满激情和感激，对于生活充满期待和热情。我和所有新调入的同事一样认真地工作着，为自己和家人美好的生活而奋斗。然而这一切在 2015 年的 3 月戛然而止。

身体一直健康的我，智齿牙龈发炎很久无法痊愈，拔牙后持续低烧，在厦门中山医院做了血常规检查后，医生告诉我要马上住院，在福建医大附属协和医院进一步的骨穿结果确诊我患上了急性单核细胞白血病，这种白血病属于最危险中的一种。突如其来的诊断结果，犹如晴天霹雳，我为什么会得白血病，会死吗，该如何面对家人？一系列问题汹涌而来。但畏惧、恐慌是没有用的，一切终须面对。

还记得给领导和学校请假时，他们给予我坚定的支持和鼓励。还记得打电话给妻子时，她泣不成声地告诉我无论发生什么，她都在。当妻子从外地匆忙赶来推开病房的门时，我竟然像个孩子一样，无法控制扑过去紧紧搂着她，我们俩相拥而泣，没有语言。哭过后，她坚强地对我说，好好配合医生治疗！然而最难面对的就是如何告知父母，年近古稀的老人如何能承受儿子得了如此严重的疾病的消息，况且“白血病”这3个字几乎是和死亡画上等号的。

二、治疗

对于我这个类型的白血病，医生建议先化疗7次，如果配型合适，造血干细胞移植可提高存活概率，可是我和我哥哥姐姐的配型并不理想，只有一半基因是相合的，移植风险高，排异反应大。化疗是什么，会有啥反应？一切都是从茫然、无知、慌乱中开始的。

第一个化疗周期无疑是最艰难的，饭吃不下、持续地恶心呕吐、便秘然后又腹泻、电解质紊乱、肛周感染、持续发烧，头发一撮一撮掉，全身乏力，极度虚弱，尤其是在骨髓抑制期，血象水平极低，身上出现了紫色的斑点，医生多次给我输血和输注血小板，历经40多天，2015年“五一”前夕，我艰难地完成了第一个化疗周期，体重从110斤降到了97斤，亲人跟我在医院熬过了最初最艰难的日子。

幸运的是，我的化疗反应非常好，第一个化疗周期疾病就得了完全缓解，为接下来的治疗奠定了良好的基础。此后，我租住在医院附近，历经了长达一年的6次化疗，先后做了8个骨穿检查，2个腰椎穿刺，头部注射化疗，无数次的静脉穿刺。还记得最后一次化疗，用完药就匆忙出院，迫不及待赶回阔别一年多的老家，结果感染了，发热到40多度，全身痉挛，血小板低引起胃出血，当地医院没有血小板，转院又怕中途大出血，最后幸亏三明同学帮忙调到两袋血小板送到建宁，输完后乘救护车转到福州医院。经历了多日禁食和连续10多天高烧，体重下降了10斤，身体极度虚弱，站立不稳，又经过一个多月的卧床休息，终于幸运地挺住了。

三、复发

“活着”这个词，是在医院里最常说到的词，活着才有意义，但活着真的很艰难。命运总是不断地捉弄人，2017 年 4 月例行骨穿检查时，发现白血病晚期复发。复发就意味着从头再来，前功尽弃。面对造血干细胞移植的巨额费用和高风险，我决定再用化疗配合中医药，延长存活时间，活着或许就有希望。

2018 年 3 月骨穿检查，白血病再次复发，移植存活概率也非常低，尤其是多次复发病人，我不想这么早就走了，还没看到儿子考上大学，还没给父母养老送终呢，还没兑现要陪妻子一起变老的承诺……我相信靠我的意志力坚持化疗能战胜白血病。人生就是如此，很多事情没有选择，只有面对，只有承受，无论愿意与否。

四、感悟与感恩

生病和坎坷对生命是什么意义？它将怎样改变一个人的轨迹和心灵？这场疾病让我体会了极致的痛苦，也给了生命的教育，让我知道活着的意义，知道什么才是生命中最珍贵和应该珍惜的内容。

此刻的我仍然奋战在疾病一线，艰难地拼命地活着，为了爱我的人。在医院里，死亡每天都在身边上演，意外随时都在，每天不可预测的病情，突然而来的病危通知书，让我时刻感受着生理和精神的双重压力。3 年来目睹一幕幕人间的喜怒哀乐与悲欢离合，但是我始终坚持看到美好！

几乎所有的白血病患者都要面对无法回避的现实考量——金钱，动辄几十万甚至几百万的治疗费用成为拦在很多人面前不可逾越的鸿沟。无数人因为无法支付巨额的治疗费用而放弃治疗。患难见真情，自从生病之后，单位领导的关怀，同事的问候，亲戚们的探望，亲人们的鼓励，一波又一波学生的安慰，大学同学不远千里来看望我，高中班主任与大学辅导员给我鼓励，这些让我感动，还有校工会组织师生爱心捐赠，来自建宁商会的一些不知名人士和部分学生家长的无偿帮助，厦门教育基金会的慰问与捐助，潘世建理事长还亲自登门关怀……都让我铭刻于心，心中充满感恩。是他们让我感受到了社会的温暖，人间的大爱。为了不拖累家人，我也曾经想到过放弃治疗。但为了家人，和这些关心我的人，我得坚强地活下去。是他们的爱心与鼓励更加坚定了我战胜疾病的勇气与信心，积极配合治疗，争取早日康复，尽快回到讲台。相信风雨过后是彩虹，一切都会慢慢过去，生命可以重新绽放色彩。

（鄢传旺，厦门外国语学校教师）

如阳关怀 温暖一生

◎ 廖贻谋

事情已经过去两年，但是那一幕，依然清晰鲜明，仿佛就发生在昨天。

我是华中师范大学厦门海沧附属中学的一名普通教师。参加工作18年来，谨守岗位，踏踏实实地教学。我有一个幸福却简朴的小家庭，妻子贤惠，孩子可爱，岁月就这样静静地流淌，波澜不惊。

然而命运总会在不经意之间给我们画一个惊叹号。

2016年8月，我参加教育局组织例行体检，检查报告出来后，我被医生叫到了医院面谈。原来肝脏B超报告里发现我的右肝上有一块阴影。医生建议我马上做深入检查以确诊。这个消息如同夏日里劈脸而来的暴雨，霎时间把我浇了个透心凉。但是我依然怀着一丝侥幸，希望不是医生判断的那样。我不敢把这个消息告诉家里，一个人到厦门中医院做了肝脏核磁共振，医院给我下了小肝癌的诊断。我不能接受这样的结果，又到厦门第一医院做检查，诊断结果是一样的。医院要求我立刻做肝癌消融手术。

消息瞒不住了，我只能把这个情况告知了家里。一边承受着诊断结果带来的压力，一边还要安慰妻子，让她宽心。双重的压力，并没有让我丧失信心，相信科学昌明，一定能够对病症做很好的治疗。

但是，那时妻子刚生完孩子，全职在家，一家人的生活负担全部在我一个人的身上。医学固然昌明，但对于我来说，治疗产生的大量医疗费用，让我这个原本就不宽裕的家庭霎时间就紧张了起来。

学校工会得知了这个情况，和区教育工会第一时间到医院看望慰问，让我配合医生，积极治疗。手术进行得很顺利，出院后，区教育局田局长又亲自到学校对我进行亲切的慰问。2020 年 6 月市教育基金会、南普陀寺慈善会和市教育工会到校慰问我。当领导把 2 万元的慰问金放到我的手里的时候，我才体会到文学作品中“感动得说不出话来”是一种什么样的感受。

没有想到，教师岗位上最平凡的我，在身体和家庭遇到困顿之际，能够得到学校、区、市工会组织和社会如此的关怀。这份关怀，是我承受病痛时最有效果的一剂良药，给了我对抗病魔的勇气和信心。工会组织就是基层教职工的坚实后方。

病困无情，组织有情，教育基金会、教育工会在关键时刻对教职工伸出的援助之手，在经济上，特别在精神上给予了巨大的支持和鼓励，让需要帮助的教职工顺利渡过人生的难关。

滴水之恩，当涌泉相报。回报方式是什么呢，就是在我最平凡的岗位上，用兢兢业业的精神，用踏踏实实的态度，尽自己的微薄之力，做好本职工作，为学校，为社会更好地服务。

（廖贻谋，华中师范大学厦门海沧附属中学教师）

第四部分

不忘的是感恩之心

◎ 孔速婷

1987 年，我从厦门双十中学毕业，考上上海复旦大学，次年暑假结束前意外地从母校获得一笔奖学金，后来才得知是王淑景王文斗奖学基金给予厦门市高考成绩优秀生的奖学金。

那是我当学生以来的第一笔奖学金，具体金额已想不起来。只记得在 80 年代后期，那笔奖学金足以充当我几个月的生活费，这对于生长于普通家庭的我，实在是莫大的帮助与鼓励。到了复旦大学，因为有了这笔奖学金，我没要家里再给我邮寄生活费。而且大学 4 年，我通过努力学习获得校内外各种奖学金，还在课余时间担任家教，没有给家里增加经济负担而顺利完成了大学学业。我常想，这都是因为王氏奖学金，是王氏奖学金的获得给了我信心，并激励我不断进取。

大学期间，除了每学期都获得学校一等奖学金外，我多次获得国际友人茅诚司奖学金，在 1990 年被评为上海市优秀大学生，还在日本驻上海领事馆举办的日语竞赛中获奖，并作为上海市优秀青年代表团成员，应日本外务省邀请访问了日本。母校双十中学得知我的这些成绩后，又推荐我申请了 1990 年度王氏奖学金。

时隔近 20 年，当初参加颁奖仪式的详细情景已经淡忘，唯有获奖的感恩之心至今铭记。大学毕业后，我顺利通过公务员考试，进入厦门市人民政府外事办公室工作至今。这么多年来，虽然觉得自己对社会并没有突出的贡献，也没有取得显著的成绩，但是在工作中我时常回忆起求学时所获得的帮助，希望自己能够踏实做好本职工作，努力服务社会，并在力所能及的范围内积极参加各种义捐活动，帮助身边有困难的人。我想，这一些都是包括王氏奖学金在内的教育基金捐赠者的好义品德与慈善举动的影响吧。

（孔速婷，王淑景王文斗奖学金首批获得者，现在工作单位是厦门市人民政府外事办公室。这是纪念王氏奖学基金成立20周年的文章）

世纪屹立

◎ 黄学艺

在这座三层半的建筑不远处站了一下，依稀可以看到顶楼的亭子。路上是熙熙攘攘、带着笑容、提着海鲜回家做饭的人群。这里就是厦门本地人和游客都很热衷的地方，网红打卡点开禾路的八市。这里不仅有生猛海鲜，还有很多名小吃，不过顾客们都忽略了眼前这座建筑物。这座小洋楼在一百年前曾经是地标，曾经可以傲视鹭岛，如果游客们知道，说不定还会和小洋楼合影发个朋友圈。可如今旁边都是高楼大厦林立。小洋楼已经没有当年的风光。视线也被挡住了，只能每天低头看着来来往往买鱼的人群。而他们都顾着买鱼，没有空停下来抬头回望下这个建筑和楼顶的亭子。

这座小洋楼在一百年前是尧阳茶行。在那个新旧思想转换的年代，一百年前充满抱负的伟人们在嘉兴的画舫开启了伟大的事业，与此同时，留法勤工俭学的学子们在国外接受进步的思想，回国后成为国家栋梁。还有一些读书人到法国留学，他们学成带着先进技术回国后终生从事科学研究，像我们母校哈工大计算机系的陈光熙老教授，那几年也是留法的一员，他回国后专心从事计算机专业教育。1991 年那一年，我是大一，老教授在他 88 岁这年申请入党，从视频上看到，哈工大计算中心会议室里，老教授怀着无比激动的心情宣读了入党申请书，表达了他对共产主义的坚定信心，一时老泪纵横。

那个年代有抱负，信心坚定的人必成大器。还有一些人，他们没能成为良相，也没有成为教书匠，却成了小生意人。也就是在一百年前那个等待伟人们开拓的1921年，对于市井小民来说，生存则成为第一需要。就在开禾路123号处，有个读书人从安溪来厦门办了这家尧阳茶行，茶行的旧址就是这座小洋楼。后来他和他的儿子又在香港开办了香港尧阳茶行。厦门人知道尧阳茶行的并不多，但很多厦门企业都知道王淑景王文斗奖学基金会，记得换新工作时，HR都对这个奖学金证感兴趣。我是在1992年获奖的。也是在那个时候知道厦门有个教育基金会，而王淑景王文斗奖学基金是其中之一，是第一个也是规模最大的基金，在领奖的时候，我记得当时基金会的谭老师有介绍过王氏基金会的来历。他们也都是对主人来自香港尧阳茶行一笔带过。当时我也一直纳闷为什么不干脆点就叫尧阳茶行基金会呢？到底是什么力量让王家后人愿意用祖辈之名成立这个基金会，愿意以祖辈之名伴随着厦门教育基金会一起成长了33年，一下子也坚持了三分之一世纪。他们不图名利吗，不图给茶行做广告吗？商贾和鸿儒又是如何融合到一起的，当年的王先生是否就像电影《方世玉》里那个饱读诗书的丝绸商人方德老先生一样，高大清瘦，身着长衫，朗读着诗句。

坚持是一种美德，为什么很多人青梅竹马，爱得山盟海誓，最终却没能在一起，有人打了个比喻，就好像两人相约从厦门走到香港，可以一路边走边看风景。听起来很浪漫。但行走的路上总有那么多困难、那么多诱惑，一路上总有人招呼说，上车吧，这么走下去太辛苦了。承诺很轻松，践行真的很难。做一天好事容易，坚持做一个世纪的好事真的不容易。中国共产党一个世纪来取得的成就，已经是全球瞩目。治大国若烹小鲜，我们这个年代生活在平安城市，到处有监控摄像头，有数字货币可以用二维码付款，可以网上购物，出行方便，食物也很丰富，现在的孩子们比我们这一代幸福多了，而我们又比上一代幸福，感觉一切都在进步，这一切都是因为国家治理得好，也和党的领导是密切不可分的。从2003年的SARS到2020年的新冠，党带领大家有条不紊地攻克了欧美国家都无法克服的困难，如今疫情控制很好，买鱼的人欢歌笑语、讨价还价。曾经被外国嘲笑卫生不过关，现在祖国已经成为了抗疫最成功的极乐净土。记得毕业后那几年，我的很多同学到国外留学工作，但外面的世界并不是那么精彩，2008 年金融危机后，很多同学都回国了。而到了现在，回国都变为一票难求的事情。

在疫情面前，茶行也一路过来，生意多少是会受到影响的。想想善举真的很不容易，人家也只是一个茶行而已。记得公司外派我到香港两年，在香港的日子里，我偶尔想过到上环的尧阳茶行看看，但是人家会知道我是谁吗？有时候也是一念而过，而人家却是几十年在坚持付出。每年看到报纸在报道基金会，心里总有一种欣慰的感觉。

十年树木，百年树人，骐骥一跃，不能十步；驽马十驾，功在不舍。锲而舍之，朽木不折；锲而不舍，金石可镂。

（黄学艺，曾就读于哈尔滨工业大学，获得 1992 年度王淑景王文斗奖学金。现在厦门太古飞机维修有限公司工作，高级工程师）

同心向党颂恩情　激扬青春献祖国

◎ 庄哲明

本人庄哲明，天津大学机械学院辅导员，机械学院2020级本科生第一党支部书记，高级创业指导师，IEEE R10 SAC Outreach Committee委员。个人累计申请专利26项，发表论文6篇，获得省部级以上科技创新竞赛奖项39次，指导学生获得中国机器人及人工智能大赛大学生机器人创新项目金奖、全国移动互联创新大赛高校组一等奖、全国青年“生态创想绿色行动”环保大赛冠军、全国环境友好科技竞赛一等奖等近10项国家级奖项。

依然记得，2017年我经过学校推荐、小组研究和一周公示的层层考验，获得了2018年度厦门市王淑景王文斗奖学金。颁奖仪式上我作为获奖代表和在座的各位领导、老师和同学们分享我的大学故事，同时也是对我自己的一次审视与鞭策。

作为土生土长的厦门人，高中的老师们经常嘱咐我说大学是知识与实践的海洋。因此被天津大学录取后，我一直狠抓专业知识、刻苦学习，而学习之余，学校也为我提供了完整的“创意－创新－创业”培养体系，鼓励我们全方位发展。

在创意端，我通过入学手册了解到全校有上百种创新类课程，其中我最感兴趣的便是天津大学机器人大赛，但是由于基础知识储备还不够，所以未能成功组队参赛。所以我选择报名周末的科普课堂，借此机会激发我的创意思维，并在过程中设计出了我自己的第一个作品，参加天津大学第四届创新创意大赛。不出意料，作为初出茅庐的新人，我只获得了三等奖，但通过那次大赛，我结识了斩获一等奖的博士学长，他的作品让我明白了什么叫作优秀的设计，紧接着我进入他所在的实验室学习，申请市级项目，开始了我的本科科研之路。

在创新端，依托大学生创新训练计划，在老师指引大方向、学长提供技术支持、学生自主研发的背景下，我在大二成功把参加创意大赛的点子制作成了具有实用价值的实物，并且开始尝试申请专利。有了知识产权的布局和保护，我与实验室里志同道合的伙伴们得以在各类科技创新竞赛中大展拳脚，我们曾获得 IEEE 中国机器人设计大赛银奖、全国大学生可再生能源科技竞赛一等奖等 12 项国家级奖项，还有 27 项省部级奖项。为校争光，屡创佳绩。

在创业端，参加各类科创竞赛使得我所在的团队可以对接更多的资源，天津傲绿集团总经理杨朔先生表示愿意提供给我们一片大棚用于我们设计的便携气象监测系统的实验与改进优化。经考察，我团队也得以入驻学校的创新创业孵化基地，人人都能拥有自己的工位，争取早日把我们的实验室小样转化为实际产品，满足人民日益增长的美好生活需要，实现天大学子的个人价值。在 2018 年 10 月，我和天大团队一同回到厦门参加厦门大学承办的“互联网＋”全国大学生创新创业大赛并获得金奖，实现了天津市“0”的突破。在全国大学生双创最高水平的赛事、在家门口摘金，这次经历令我非常难忘。

因为，一直以来我都坚持从事学生工作，作为天津大学 IEEE 学生分会主席，我曾申请与 IEEE 中国代表处合作举办天津大学机器人节，在主赛道的机器人竞技比赛火热开展的同时增设电子电路、科普作品等周边竞赛，旨在培养同学们学科交叉的创新意识，进一步提高大家动手动脑的能力。希望来自各专业、暂时不具备机器人开发技能的同学都能参与进来，为天大学子搭建一个展现科技魅力、施展个人才华的舞台，将机器人节办成一个天大学子共同的节日。

有了经验，我在学工岗位的工作也更加高效。也是在 2018 年 10 月，我第一次以老师的身份带着 3 名学弟来到山东参加 2018 年全国移动互联创新大赛，获得教学成果一等奖。作为“新工科”背景下天津大学本科生自主科研体系下培养出来的第一批学生，我能够更好地把学校的培养理念贯彻落实到工作中去，能够更系统地在学生工作过程中传达学校关于双创的想法与理念，我也利用空余时间取得了高级创业指导师的证书。未来，我希望能够以点带面，带动更多的同学投入创新创业的滚滚洪流中，共创美好的未来。

我还申请跟随现代机构学与机器人学国际中心的长江学者戴建生教授继续攻读研究生，主要研究方向是蛇形机器人的开发与应用。戴老师的实验室，正是我大一入学时加入的第一个实验室。这是我科研的起点，接下来，故事又会是全新的开始。

再次感谢长期以来一直关心、支持大学生的各位爱心人士，感谢厦门市教育基金会，感谢党和国家，我将心怀感恩，以实际行动回馈社会，帮助他人。

（庄哲明，2018 年获得王氏奖学金，现在天津大学机械学院工作）

心愿

◎ 赖德华

当今世界正处在“百年未有之大变局”中，身居海外的华人，更能深刻体会到时代的风起云涌。这时候，爱国对于我来说并不是个抽象的概念，而是渗透在生活中点点滴滴的行动和感悟。

2006 年，我在厦门市教育基金会的帮助下，顺利地进入了中国科学技术大学，开始了大学生涯。2009 年，我参加中科大和美国大学的交流合作项目，拿着奖学金踏上了留学之路。那时候中美关系不像现在这么紧张，留学生数量逐年增长，同学们毕业后不论是留在美国工作还是回国发展，都是自我价值的实现。

以我观察，人们出国后往往变得更爱国了。而不论你身在何处，只要有颗爱国心，都是可以为国做贡献的。

一方面，海外华人是中国的一张张名片，这些名片是让外国人认识中国的窗口。华人在外的每一举一动，不单单是代表了自己，更代表了中国人的形象。有大量优秀的留学生、华人、华侨以他们精湛的业务水平，高尚的品格，赢得了外国人的尊重和赞扬。比如我的大学同学何江，成为哈佛校史上第一个登上毕业典礼演讲的中国大陆学生；比如 Zoom 的创始人袁征，在获得商业的巨大成功同时也因良好的企业文化赢得了最佳雇主的口碑；比如作家张纯如，用沉重的文笔给世界揭示历史的真相。太多太多积极正面的例子激励着我们，作为海外的中国人要用自己的言行给国家和民族增光。

另一方面，中国的崛起除了硬实力的增长，软实力也需要增长。在西方世界依然掌握着国际话语权的今天，我们如何在遇到西方责难时有理有据，据理力争；如何引导舆论焦点，化被动为主动；这些工作不仅仅是外交部门的重担，更是落在我们每一个人身上的责任。我看到海外华人有很多有识之士，都愿意为中国发声。我们会在网上驳斥反华势力的谣言，我们会在“港独”“台独”“法轮功”等集会游行时团结起来和他们对抗。除了被动防守，我们也会找准时机精确反击。比如青年漫画家“乌合麒麟”用他精美的作品精确打击了澳大利亚的软肋，更是把西方国家的双重标准暴露无遗。我们海外华人也纷纷推波助澜把漫画家的作品推向国际舆论的热点。在舆论这片没有硝烟的战场上，我们需要团结一切力量，把朋友搞得多多的、敌人搞得少少的。每个人可能只是一个不起眼的浪花，但团结起来我们就是海洋。

在西方世界生活久了，对祖国反而有了更多的信心。这种信心来自中华民族那种坚韧不屈的品格，来自中国人民勤劳的双手、聪明的智慧，也来自对中国制度的信心。我们看到了中国可以万众一心迅速地战胜新冠疫情，而西方世界自由散漫无法达成共识，在无休止的争吵中一次次错过了抗疫的时机。我们看到了中国以惊人的速度发展自身的实力，各行各业百花齐放。我们看到了中国不断地攀登科技高峰，在量子计算、宇航、通信、人工智能、新能源大量领域向着世界第一迈进。我们看到了改革开放后中国的经济高歌猛进40多年，随着建设“一带一路”的推进和签署区域全面经济伙伴关系协议，中国起到了带动其他国家共同发展的作用。

世界正处于“百年未有之大变局”，自从第一次工业革命开始以来，由西方主导的世界格局，将要逐渐变成东西方争鸣的新景象。中华民族的崛起不可阻挡，而西方世界，准确说是美国，还没有做好接受一个强大的东方文明的准备。未来冲突和对抗肯定会依然存在。但是，对抗不意味着就要断绝交流合作。我们不希望世界进入新一轮冷战的格局，更不希望爆发热战。所以，把中美对抗放在一个可控的范围内，从而形成良性竞争格局，将是造福全人类的事情。这需要领导人的智慧，也需要中国和西方各个层面的交流。更多的民间交流、更多的海外华人，可以起到润滑剂的作用。只要祖国保持自己的发展路线，一步一个脚印，总有一天，西方世界不得不接受中国崛起的事实。

（赖德华，曾就读于中国科技大学，获得天健会计师事务所助学金）

水流万里总思源

◎ 王雅芳

时光飞逝，回想起大学生活，心中感慨万千。我是在单亲家庭出生，母亲靠打零工维持家庭生计，但日子依然清贫，学费一直是母亲头疼的事，但母亲一直说，只要我好好读书，做一个对社会有用的人，再苦再累也会供我上大学。为了让我读书。母亲每天早出晚归赚钱。我也在心里暗暗下了决心：一定要好好读书，为母亲争气，为家争光，为社会添彩。

皇天不负有心人，在收到录取通知书那一刻，我是既喜悦又担忧的。因为自己没有辜负母亲的期望，顺利考上了大学，但同时，学费和生活费对于家庭困难的我来说是一笔不小的开支。正当为学费发愁的时候，是厦门市爱心教育基金会以及社会各界的爱心人士的雪中送炭，帮助我和像我一样有困难的贫困学生，使我们这些本就不富裕的家庭感受到了大力的爱心资助，给我们带来了温暖和希望。

为了心中理想，我们始终努力拼搏着，厦门市基金会给予我们内心深处迸发而出的勇气与激情，让我们相信自己有能力争取一个美好的未来。现在，三年的努力终于有了成果，鸟儿终于要飞向更高更远的天空，也更加坚定内心的方向。

古人云：仁以知恩图报为德，滴水之恩定以涌泉相报。我现在已经毕业了，也找到了一份自己心仪的工作，在岗位上兢兢业业，不断学习和提升。今后我一定不会辜负基金会的期望，做一个懂感恩、有爱心，对社会有用的人。把自己磨炼成品学兼优的有用人才，为将来更好地回报祖国、回报社会打下坚实的基础，接受社会的帮助，也能用自己的行动去帮助需要帮助的人。

树高千尺不忘根，水流万里总思源。厦门市教育基金会的爱心还在传递。家庭贫困并不是什么可怕的事情，相信只要我们不断勇敢地去面对，不断地从知识的海洋中吸取常青的营养，踏踏实实一步一个脚印去迎接未来的挑战，并且时时刻刻提醒自己成为更努力更优秀的人，树立自己远大志愿，带着感恩的心，将来一定能回报父母、回报社会和祖国，用自己的微薄之力，去帮助那些我们可以帮助的人，哪怕只是一件微小的事情。只要人人心中都有爱，世界将会越来越好，我们的祖国也会越来越繁荣昌盛。

（王雅芳，曾就读于漳州职业技术学院，获得李昭进助学金。现在厦门欣贺股份有限公司工作）

那一颗小小的龙眼核

◎ 柯燕妮

小时候，我家在西山岩脚下，两间小小的瓦房，山上有一片龙眼树。从我有记忆开始，龙眼树就是我的玩伴。龙眼树下挖蚯蚓，捡树叶、拾龙眼核当玩具。跟着父亲穿梭在龙眼林里，阳光透过密密麻麻的树叶漏下几缕，我觉得实在太好玩。无忧无虑的日子在我 6 岁那年，突然蒙上了阴影。

父母为了养家糊口，承包了村里的一大片龙眼树，甚至把家也搬到了山上。而父母为了照顾果树，常常没有多余的精力陪我。所以，我被送到了奶奶家。那年冬天，我贪玩而错过了晚饭，奶奶也早早入睡。房间门紧闭，我不敢叫，也不敢哭，蜷缩在门口的石桌底下，直到因思念女儿而来奶奶家看望的妈妈赶到，大家才发现奄奄一息的我。据妈妈的回忆，我都冻紫了，村医、卫生院的医生都束手无策，直到同安医院一位值夜班的护士长成功把针插进我的血管，我才被抢救回来。妈妈的心中，对医生和护士的感激之情像一颗小小的龙眼核萌发了她培养女儿当医生（护士）的小芽儿。

高考结束后，班主任和几位任课老师的一次家访，让我与厦门市教育基金会结下了不解之缘。班主任说，她和几位老师爬上西山岩看见了我家的境况，心里很不是滋味。家访交流后，她才知道，父亲打算等我的录取通知书下来以后就把这片龙眼树卖掉，以此筹措我的大学学费。我舍不得陪伴我长大的这片龙眼树，哪怕是那一颗小小的龙眼核。老师们回到学校后，联系上厦门市教育基金会，申报通过后，老师告诉父亲，不用卖龙眼树了。首年厦门市教育基金会资助我 5000 元，接着邱季端慈善基金继续资助两年，让我有机会完成大学学业，学有所成。我还记得那天，炎热的太阳也挡不住父母亲脸上的灿烂笑容，父亲那黝黑发亮的脸颊上留着汗珠子，滴答，汗珠子掉在了一颗小小的龙眼核上，我也笑了。

我握着一颗小小的龙眼核坐上了火车，前往贵阳医学院。那一颗小小的龙眼核是妈妈的期望，也是厦门市教育基金会在我心中种下的希望。

家庭环境培养了我简朴的生活习惯，在大学 4 年生活，我只去一食堂打饭，因为那里的饭菜便宜。父亲省吃俭用寄给我的生活费，我还能攒下不少。我一次次递交入党申请，拿着攒下的生活费，我第一次奢侈地买了一本《中国共产党章程》。翻开第一章，什么是党员？我在心里一遍遍问自己。我想，能够发挥自己的光与热，做一名对社会有用的人，那就是党员吧。我选择了药学专业，以能进入医院发挥自己的专业所学为荣。在大学，我像那一颗小小的龙眼核一样，吸收着知识的养分，努力地储藏着能量，只为了能回到社会的土壤里，生根发芽。在临近毕业的那一年，我被党组织吸纳为一名中共预备党员。母亲在电话的那一头，开心得像个孩子，反复说，真好真好。

毕业后我如愿进入了厦门市第三医院药房，它的前身正是同安医院，把我从死亡的边缘抢救回来的那家医院。母亲常说，我跟这家医院的缘分不浅。

参加工作后不久，父亲母亲就从西山搬了下来，在村党组织的关怀下，我们建起了自己的新房子。在房子落成的那一天，我在家门前悄悄埋下了一颗小小的龙眼核。后来女儿出生了，那颗小苗也和女儿一起茁壮成长。

早在大学假期时，教育基金会的老师就常常联系和关心我，鼓励我去参加厦门市教育基金会组织的各类活动。参加工作后，哪怕再忙，党支部组织的每一次会议我都准时参加。哪怕我不够出色，我也想在每次活动中贡献一份小小的心意，我心里那一颗小小的龙眼核如今早已成长为一棵茂密的龙眼树，我对党，对厦门市教育基金会的那份感激，早已在我心中长成了茁壮的大树。

2020年年初，一场疫情打乱了所有人的春节团圆计划。医院进入紧急状态，24小时轮值成为常态，同事们互相打气，默默守护着厦门这座城市。主任宣布，甄选志愿者去武汉支援。我第一时间写下了请愿书，因为我知道我应该站出来，只要有需要，我愿战！哪怕最后我并未入选，我也不气馁，在自己平凡的岗位站好每一班岗，也是为守护这座城市出一份力。村里支部组织党员参加“抗击疫情，第二支部在行动”“支持新冠疫情防控捐款活动”等，工作之余，我积极参加党组织的公益活动。在忙碌中，我充实了内心。

有一次带女儿参加党支部大会，初识字的女儿问我，妈妈，什么是党员？我搂了搂她，心中仿佛微风吹拂后泛起了阵阵涟漪。我想，女儿的心中应该也种下了一颗小小的龙眼核。

心中有好多话想说，那一颗小小的龙眼核的成长，离不开党的阳光沐浴与亲切教导，离不开厦门市教育基金会和邱季端慈善基金的关怀与帮助。如今我已成长为一棵大树，我愿尽我最大的努力，回馈社会，守护一方土地。

心中有好多话想说，那一颗小小的龙眼核，不仅在我父亲母亲这一辈人生了根，在我这一辈人生了根，更是在我女儿那一辈人扎下了根。

（柯燕妮，曾就读于贵阳医学院，获得邱季端慈善基金。现在厦门市第三医院工作）

我为什么到黑龙江做农业

◎ 陈修贤

我是陈修贤，一位在远在黑龙江从事农业的厦门人，2017 年自中国人民大学毕业后加入厦门象屿集团，又于 2018 年外派黑龙江从事农业板块工作，至今已逾两年。

2020 年，突如其来的疫情蔓延至今仍在肆虐，国际贸易大幅受挫，由于供应链的中断使得农业出口国无奈地倾倒、销毁农产品，而另一边，全世界约有 1.35 亿人已经在滑向饥饿的边缘。中国有 14 亿人口的粮食需求，每年都要从国外进口几千万吨的粮食，按理来说最有可能陷入粮食危机之中，但事实上，中国水稻、小麦两大主粮价格平稳，对中国老百姓生活水平影响不大。这是为什么呢？

我在黑龙江找到了答案。

新中国成立 70 年来，粮食产量连连攀升，从 1949 年全国粮食产量 1132 亿公斤到如今 6579 亿公斤，整整翻了 6 倍，人均占有竟超过世界平均水平。尤其是黑龙江省，粮食产量 750 亿公斤，是新中国成立初期的 15 倍，每 9 碗米饭，就有一碗来自黑龙江，黑龙江是名副其实的“中华大粮仓”。2018 年 9 月习近平总书记在垦区考察时，双手捧起一碗大米，意味深长地说：“中国粮食！中国饭碗！”我们的另一撒手锏，则是国家储备粮，国家每年对粮价进行托底收购，粮价下行的时候增加收购，保障农民利益，在粮价上涨的时候拍出，平抑了价格风险。就拿象屿在黑龙江的其中一个平台公司富锦来说，这里存有 500 万吨粮食，可以供全国人吃 10 天。而整个黑龙江是几千万吨的国家储备粮的存在，奠定了我们沉着应对疫情的基础。

我的许多朋友都感到不解，为什么从人大经济学专业毕业不选择轻松又多金的行业，反而到了遥远的黑土地搞起费力的农业。确实，不同于在一线城市办公楼办公的舒适与优雅，在黑龙江的农业工作需要极强的毅力与恒心。尤其进入收粮季，为了解决农民的卖粮难、加工企业用粮难的问题，我们在零下20摄氏度的寒冬里坚持着高强度无休的工作节奏，对身心是极大的考验。

当厦门教育基金会的老师向我约稿时，我认真回想起我的每一次职业选择，才发现我在无意间受到了包括厦门市教育基金会王氏奖学金、人民大学校训、党的扶贫攻坚工作的正面影响，使我更注重于自己对社会的贡献，而非自我的个人享受。

我清晰地记得2016年获得王氏奖学金的场景。70位优秀大学生齐聚一堂，身着朴素的王氏奖学金捐建人之一的王丽云奶奶也来到会场。王奶奶话不多，看起来与普通老奶奶别无二致，脸上一直挂着慈祥的笑容，主持人介绍王氏奖学金30多年来已经捐助了数千名学子，王奶奶却还一直表示自己奉献得不够多。这样的大爱，在场的所有大学生无不感动。

再有如脱贫攻坚战中，福建大量党的干部下到基层，长期奔走在脱贫攻坚的一线，为贫困户讲解扶贫政策，努力让贫困家庭稳定增收、稳步脱贫，解决贫困劳动力就业难题。漳州市东山县前楼镇扶贫办主任刘东勇，通过指导贫困户詹大荣管护莲雾，使他于2017年脱贫；还有武警部队福建省总队宁德支队前往宁德市寿宁县下党乡上党村，为村民修建了一条条崭新宽敞的水泥路，使得群山包围的村庄焕发新的生机。

对我而言，虽然远离家乡在黑龙江工作十分辛苦，但一想到我们在黑龙江打造粮食全产业链，打通北粮南运大通道，通过在各环节的一次次精益求精、提质增效，降低粮食从田间到餐桌的成本，都是在为国家的粮食战略安全做一份力，再苦再累也觉得十分有意义。

（陈修贤，曾就读于中国人民大学，获得王氏奖学金。现在厦门象屿集团工作）

春风吹开一扇窗

◎ 洪牡丹　洪晓新

正如泰戈尔在《飞鸟集》中提到："如海鸥与波涛相遇一般，我们邂逅了，走进了。海鸥飞去，波涛滚滚而逝，我们也离别了。"时光飞逝，回望过去，那一路的荆棘都已变成怒放的鲜花，留下一路清香。

15 年前的那个夏天，高考成绩发榜的时刻，我们的内心是复杂的，一方面，多年寒窗苦读终于换来了良好的高考成绩，姐姐考上福州大学，妹妹考上厦门大学。另一方面，想到过世的一生艰辛的母亲，憔悴的饱经风霜的父亲，一贫如洗的家庭，还在就学的弟弟、妹妹，常常在深夜里在睡梦中哭醒。

就在这时，厦门市教育基金会与《海峡导报》联合举办的"帮我一把我能飞"爱心助学行动，像一颗随风吹动的种子，撒播到厦门各个角落，撒向我们这些贫困学子的心里。困顿中的我们，就像春天的小草，不断汲取着爱的养分，在阳光沐浴下坚强成长。

我不会忘记，15 年前那个夏天，市教育基金会伸出了有力有爱的双手；我不会忘记，15 年前那个夏天，在亮堂堂的基金大厦会议室里，时任理事长的庄亨浩老先生循循善诱的教导和语重心长的嘱托与勉励；我也不会忘记，15 年前那个夏天，受资助的高考学子们在同安竹坝农场虔诚地种下了一颗颗爱心树，埋下了一个个许愿瓶。15 年了，那些小树应该已经长大，枝繁叶茂。

仿佛是雪中送炭一样，受到资助的我们，奋力地开启了我们的大学生活。在整个大学中，我们都能感到浓厚的暖意。爱心资助金，不但给了我物质上的帮助，还给了我们精神上的安慰。爱心资助金，不但大大减轻了我们的家庭经济负担，让我们能够暂无后顾之忧地专心学习和生活，也让我们懂得了知恩图报。

我们知道上大学不容易，因此更加勤奋努力，争取在大学期间掌握扎实的理论知识，以便为今后的工作打下坚实基础，回报在大学期间帮助我们的那些好心人，报答父亲的养育之恩。4 年的时光转瞬即逝，包裹着厚重的亲情和感恩之情，我们以优秀的成绩从大学毕业，走上了工作岗位。工作以来，我们没有犹豫不前的时间，没有踌躇不前的空间，始终爱岗敬业、勤勉尽责，尽最大的努力为单位贡献自己的力量。工作之余，我们积极热心公益，努力去帮助更加需要帮助的人，为社会贡献一份力量。因为深知，除却低头勤行路，立志扬长鞭，面对市教育基金会和社会爱心人士这厚重的馈赠，我们无以为报。

（洪牡丹，曾就读于福州大学，现在厦门外国语学校工作；洪晓新，曾就读于厦门大学，现在厦门建设银行工作。姐妹俩均获得“帮我一把我能飞”爱心助学行动资助）

是你改变了我

◎ 詹耀清

从小我们就朗朗上口的《没有共产党就没有新中国》这首歌，当时不明其意，直到现在，在中国共产党的带领下，我们的生活发生了翻天覆地的变化时才知道，这首歌歌颂了在党的领导下，中国人民自强不息，推翻旧制度、旧社会，建立了新政府、新制度、新社会，从此不再受压迫；中国人民从此当家作主，过上了幸福的生活。我自己就感同身受。

我从小生活的农村就是一个穷乡僻壤，没有水泥路，没有路灯，路两旁及河里都到处漂浮、散落着各式各样的生活垃圾，家里唯一电器就是一盏白炽灯，还时不时就会停电，更别说要什么休闲、运动场所了。在这样的环境下，青壮年全都远赴城镇打工，只留下孤寡老人及留守儿童告诉过往行人，这个村子还没荒废还有人居住着。我也是从小跟着爷爷奶奶在这样的村子长大，每天都憧憬着离开这样的山沟沟，去心心念念的大城市生活，直到后来，在党和政府的带领下，我们村慢慢地通上了宽敞的柏油路，路灯也装上了，原本无人清理的垃圾也已被清理干净，每隔几户甚至摆上分类不同垃圾的垃圾桶，还有人专门清理和分类垃圾。露台有运动健身器材，文化广场也渐渐多了起来，原本跟臭水沟一样的河道也在排污设施的完善下，河水再次清澈了起来，甚至河道两边都修起了栈道。家家都先后盖起了小洋房，开起了小汽车。那段时间，几乎每学期放假归来，都能发现故乡都在发生着变化，变得越来越美丽了，现在每逢节假日，在城里打工的人都会拖家带口地回农村度下小假，慢慢地，来旅游的人也多了起来。没有共产党，就没有我们现在幸福的生活，在党的带领下，我们的生活都在变化着，往越来越美好的方向发展，因此我在这里想对党说，谢谢你，谢谢你让我们的生活变得更美好，让我们变得更幸福。

党改变了我们的环境、我们的生活，让我们的生活更美好、更幸福。我也不会忘记，厦门市教育基金会是确确实实改变了我。

厦门市教育基金会是一项有利于帮助家贫学生实现大学梦，有利于促进地方教育事业发展，有利于维护社会和谐稳定的工程，是利国利民的好工程。回忆那时家里人正拿着大学录取通知书发难，他们发难的不是高考没考好，也不是志愿没报好，他们发难的这学费从何而来。身为农村的孩子，我没办法一出生就赢在起跑线上，没办法跟人家“拼爹”，有的只是通过知识改变自己的命运。但是对于家境贫困的我来说，学费就是一座翻越不了的高峰，即便家里倾其所有，再加上自己打暑假工那点钱，也不够学费及生活费，正当我们一筹莫展之际，准备放弃与命运斗争之时，是厦门市教育基金会推开了我家的门，带来了希望的曙光。

我依然清楚地记得那是 2013 年夏天的傍晚，那时我妈刚出院没多久，基金会的老师带着温叔叔来到我们家，温叔叔一下子就叫出了我的名字，我愣住了，因为我根本不知道他叫什么，是做什么的，不知道该怎样称呼他，傻傻地杵在原地好久，很是尴尬，还是他主动打破了僵局，自我介绍了一下。我妈知道他们来意后，感动得热泪盈眶，久久说不出话来。温叔叔主动来到我妈的轮椅旁边，用他那双又大又温暖的手紧紧地握着我妈的手，和蔼可亲地说：“阿姨，您放心，知道你们家里不容易。今后你们就不用为学费跟生活费发愁了，在家里安心等你们孩子学成归来就可以了。”我爸这时候说了句：“一定要在学校好好学习，不要辜负了温叔叔和何老师及厦门教育基金会所有人的期望，将来做一个有用的人，也学温叔叔一样帮助需要帮助的人。”那天的场景，那天温叔叔慈祥的脸庞，依然深深印在我的脑海里。

在厦门市教育基金会的资助下，我才最终完成学业，圆梦成功，改变了命运，走出深山，找到了一份心仪的工作。现在我成了医生，也走上了岗位，我也在用自己的方式去帮助别人，让爱源源不断地延续下去。是基金会与爱心人士的默默付出与潜移默化，告诉我们什么叫奉献，什么叫心中有大爱。

（詹耀清，曾就读于长沙医学院，获温志金助学金资助。现在集美区侨英街道社区卫生服务中心工作）

爱的告白书

◎ 蔡雅云　蔡江填

冬去春来，转眼之间，我们已踏入社会。回想当年我们姐弟俩满怀欣喜地打开大学录取通知时，隐约地看到了爷爷奶奶脸上的那份不安和沉重的心情。爷爷跟我们说，不管再苦再累，就算向别人借钱，背负再多的债务也要供我们姐弟俩上完大学。就在我们因为高昂的学费无助、苦恼的时候，是厦门教育基金会向我们伸出了爱的援手。

在那炎炎夏日之时，在得知我们因家境贫困而为学费苦恼后，厦门市教育基金会的老师来到我家了解实际情况，与爷爷奶奶交谈。记得当时我们还住在传统的闽南古厝里，正因为有了他们的到来，偌大的古厝增添了几分热闹的气息，爷爷奶奶在得知他们要来帮助我们姐弟俩时，心里的不安也减轻了许多。而后，我们姐弟俩分别收到厦门航空港集团助学金和洪恭仕洪文发助学金，爱心人士还资助我们大学 4 年的学费，圆了我们姐弟俩的大学梦。如果没有这一切，也许就不会有我们姐弟俩的今天。

生命不息，奋斗不止。正如习总书记鼓励当代年轻人时说到的“现在，青春是用来奋斗的；将来，青春是用来回忆的”“我们应当只争朝夕，不负韶华”。环境的艰难困苦我们没有办法选择，我们唯有通过提升自己，努力拼搏，奋发向上才能改变困境。滔天巨浪方显英雄本色，艰难困苦铸造诺亚方舟，因为从未放弃努力，就算再困难也从未停止奋斗的脚步，这样才能改变困境，让生活变得更美好。其实，个人在市教育金会帮助下奋力拼搏、摆脱困境的过程正是共产党一直秉持着全心全意为人民服务的初心，带领全体贫困人民脱贫攻坚奔小康的一个缩影。脱贫攻坚奔小康是共产党带领全国各民族儿女勠力同心，实现中华民族的伟大复兴的必由之路。奋力拼搏，不止是为了改变我们的困境，过上幸福的生活，更是为实现中华民族的伟大复兴奉献自己的一点力量。

除了奋斗，我们还学会了感恩。爷爷经常告诉我们姐弟俩："滴水之恩，当涌泉相报，要铭记厦门市教育基金会、厦门航空港集团以及洪恭仕洪文发助学基金的这份恩情。"厦门市教育基金会就好比一条船，这条船上承载的是社会各界爱心人士对贫困学子满满的爱，他们将这份暖暖的爱传递到我们的手中，温暖了我们。但是，我们不能让这份温暖就停留在我们这里，我们要像火炬手传递火炬一样，将这份爱一直延续下去。虽然我们现在还没有足够的能力去帮助别人，但是可以做一些力所能及的事。比如，将不要的书本捐赠给贫困地区的孩子；将不要的衣物放到衣物捐赠箱；购买贫困地区的特色产品；参加单位组织的类似为贫困地区捐款的活动。赠人玫瑰手有余香，感谢党，感谢厦门市教育基金会对我们的帮助和爱护，我们也感受到了这份"余香"，会将它传递下去。让更多需要帮助的人感受到来自他人的温暖的爱，也让他们将这份爱继续传递下去。

"我们并不富有，但我们很优秀。"做最真实的自己，做最完美的自己。我们或许并不美丽，我们或许并不是花朵，但有爱的呵护，有你们的浇灌，我们当绿叶也情愿。今天我们被爱呵护，明天我们愿化为泥土，守护来年的新芽。回报社会，我们会顽强拼搏，跨过每道坎坷，超越每一次挫折，我们会很顽强，很勇敢。在爱的路上，我们风雨无阻，永不服输。

（蔡雅云，曾就读于福建师范大学闽南科技学院，获航空港助学金，现在厦门汉连物流有限公司工作；蔡江填，曾就读于厦门理工学院，获洪氏助学金，现在厦门市测绘与基金地理信息中心工作）

康乐“走亲戚”见闻

——记短暂参与脱贫攻坚

◎ 彭海乐

汽车一出康乐县农业农村局大院立即跃上山向东而去。又一场新雨过后，康乐所处的黄土高原空气微润、土色微泽。近几年的雨水较多，虽然已是立秋九月后，在康乐，遇上一场透雨并不稀罕。过去的荒凉枯寂都是少雨干旱的缘故。植物有着非凡的生命力，一场喜雨就是绿色，一片阳光它就灿烂。

2005 年我有幸受到厦门市教育基金会资助，圆了一家三代人的大学梦。2008 年入党，自 2009 年参加工作以来我一直从事农业农村的工作。15 年间，市教育基金会的慈善行为一直温暖我的心，催人奋进。2020 年 8 月至 9 月，我很荣幸地成为厦门市选派农业专业技术人才短期支援甘肃省临夏州的 10 名代表之一，被分配到临夏州康乐县农业农村局。

初到康乐县，这里虽然生活条件比较落后，但感觉像是回到小时候生活的环境，这里的人感觉跟儿时的人们一样，是那么朴实。虽然早已摘掉“贫困县”的帽子，他们的生活跟厦门的差距还是很大的。而我所能做的只是和康乐县农业农村局的同事一起，为康乐县农业农村的发展略尽绵薄之力。

国家实行精准扶贫，对贫困户“建档立卡”。党中央运用“伦理亲情”的民族传统，要求党员干部与帮扶对象“结对子”“认亲戚”，拉近党和群众的距离，党员干部像自己的亲戚一样真心实意对待他们，帮助他们脱贫。

他们在一次次的“走亲戚”、拉家常中摸清楚“亲戚”的“家底”，像是家里几口人、入学或者务工；房子有多大、是不是危房；家里有几亩地、能种什么农作物、养什么牲畜；家庭的钱从哪儿来、一年能收入多少，等等，这些基本情况都准确记入“康乐县一户一策精准脱贫计划小册子”。干部们对“亲戚”的“家底”比自家还清楚，目的只有一个就是帮助他们脱贫。“小册子”里面还有对“亲戚”家致贫、返贫的原因分析、有“亲戚”家争取脱贫的思路和需求，还有帮扶措施、扶贫成效、绩效考核、数据分析应用等相关的模块。有了这个“小册子”，“亲戚”家庭情况一目了然，制定帮扶措施，精准发力，宜农则农，宜牧则牧，宜工则工。

高海拔、高寒、昼夜温差大又有夜潮的气候特点，适合中草药种植。县农业农村局组织技术骨干来到田间地头进行指导，成立了农民专业合作社，邀请州上的专家重点培训，种出的当归、黄芪根大、品相好。村民受益，干部“亲戚”也笑得合不拢嘴。遇到滞销，干部“亲戚”不但跟着发愁，还要帮忙跑销售渠道。有这样的干部“亲戚”，乡亲们再难也能“阳光”。

在村党群服务中心，我看到“建档立卡户”马大姐的“小册子”，其中有一条记录让我印象深刻。马大姐向扶贫的“亲戚”说想打零工挣钱，高兴坏了“亲戚”。“亲戚”动用所有的关系在村里成立了“扶贫车间”，请来专家，手把手教会了马大姐等20多名建卡户致富的手艺，让她们在农闲时段在家门口做手工，平均每个人每个月能多挣1000多。因为“亲戚”的职责与担当，仅四个月就让马大姐家当年加入脱贫的行列。

在县农业农村局领导的带领下，本人通过查阅资料、座谈交流、走访养殖企业、合作社和养殖户等形式开展调研学习，短期内快速掌握康乐县农业发展现状。总体上来说，康乐县农业以畜牧业为主，牛羊养殖业作为该县畜牧业主业之一，也是当地农民，特别是贫困户脱贫的重要措施，成为康乐县产业扶贫的有力抓手。康乐县在养殖业方面，通过“企业＋合作社＋农户”饲养管理模式建立企业与群众的利益和产业联结机制，利用引进“康美集团”等龙头企业建立现代化牛羊屠宰车间、肉牛产业园和示范基地，由政府提供养殖补助、贷款、保险等政策扶持，企业负责提供种牛种羊及技术指导，养殖户负责杂交繁育和短期育肥，带动全县畜牧养殖业健康可持续发展。

本人会同县农业农村局深入苏集镇、胭脂镇、景古镇、上湾乡、八松乡、鹿鸣乡等乡镇调研，推动集体资产改革、村集体经济和合作社资金审计整改、风貌提升工程等工作，多次到各乡镇种植食用菌基地、养殖合作社交流牛、羊杂交繁育技术，开展强制免疫、疫病诊疗、驱虫保健等技术服务交流。

做好东西部扶贫协作和对口支援工作是厦门市委、市政府部署的一项重大政治任务。工作中，虽然民族不同、语言不同、地域不同，但本人与当地干部、养殖户在牛羊养殖和产业扶贫等方面都能够进行真诚交流、相互借鉴、取长补短，既丰富了专业交流成果，又与康乐县农业农村局干部、群众加强了民族团结交流互动，在工作中收获了许多友谊，圆满完成短期对口支援任务。

（彭海乐，曾就读于集美大学，获航空港助学金。现在翔安区农业农村局工作）

我视你为贵人

◎ 庹香琦

在党的光辉照耀下，厦门市教育基金会应运而生，在党的引领下，厦门市教育基金会帮助、激励了千千万万的青年，而作为被帮助与激励的青年之一，我视厦门市教育基金会为贵人。每个人的一生都会遇见不少贵人，遇见不少机会，在平淡的一生中我们可能只会记得那几次改变自己的瞬间，那几个改变自己的抉择。

我与厦门市教育基金会的缘分可以从 2019 年 5 月说起，那时正值大四的我正处于学生走向社会的重要阶段，在那段看似无所事事却充满抉择的时光里，我像一只鸵鸟想要逃避，想要将头埋在土里却逃不出烈日就在头顶且照射在身上的事实，身边同学目标明确地去考研、考公务员，奔赴在各大公司面试场，这一切都使我更加迷茫，因为人生不同的选择会导致截然不同的道路，所以我必须谨慎。我纠结于出国深造和就业的选择中，每天自我怀疑，每天在对未来无知的迷茫和不确定中醒来，让我不觉惶恐。

直到一天，我得到了自己获得凤凰奖学金这一消息，仿佛自己暗淡的生活中透出了一丝光亮，这是一个对迷茫年轻人的肯定，是一份指引，是在抉择中给予我信心的那一份力量。这个奖项是对我的肯定，也是对我学习能力的认可，让我认识到学海无涯，让我认识到我有充分的潜力可以探索更深的专业知识，也指引我更加深入学习与思考。诚实地说，我并不是一个多么有自信的人。而自信必须是自己接纳以及认可内心最真实的自己，从而拥有勇气去面对生活中的抉择和挑战。不得不说，在大四快毕业的那段时间，脆弱、纠结和不安包裹着我，我充满了对即将走向社会的不安以及对出国深造未知挑战的惧怕。但当我收到厦门市教育基金会信息时，我兴奋不已，虽说自己是内心的决定，但外界的肯定也是强有力的助推器，而这一封小小的通知仿佛唤醒了我内心的一头小猛兽，提醒我应该从心里对自己充满信心，对自己充满希望，也充分唤起了我对于继续求学的渴望。

现在的我已经被英国罗素大学集团创始成员、世界百强学校南安普顿大学时尚市场与品牌硕士所录取，这离不开党的好政策，离不开厦门市教育基金会的激励，也离不开学校以及老师的细心栽培和指导。如果说厦门市教育基金会在我的人生中是贵人的话，那么党在我心里便是恩人般的存在。人生路上恩人难遇，贵人难求，所以我感恩这个伟大的时代，同样感恩厦门市教育基金会的鼓励和认可。

19 世纪俄国著名革命民主主义者杜勃罗留波夫曾说：“真正的爱国主义不应该表现在漂亮的话上，而应该表现在为祖国谋福利的行动上。”厦门市教育基金会的 33 年，用行动为祖国帮助和激励了不少学子，成为不少学子前行路上的助推器，用行动演绎了爱心向党、爱心永恒的真谛。

（庹香琦，就读于厦门理工学院，获得凤凰会展奖学金）

你们的关怀鼓励了我

◎ 方振史

时光荏苒，回忆起十几年前的一点一滴，所有真诚的话语仍在耳边回荡，万种殷切的关怀仍历历在目。

忆往昔峥嵘岁月稠。2007年的我，顺利地参加了高考。然而，当我收到集美大学录取通知书时，那种心情却十分复杂，既高兴又百般无奈。俗话说：穷人的孩子早当家。这么多年以来，我通过自身的努力，终于有了收获，大学的校门终于为我打开了。对于穷人家的孩子来说，那是能改变我们命运的转折点，那是能改变一个家庭现状的起点。然而摆在眼前的问题却是这么残酷与现实：学费。大学学费这道门槛，对于我们这种破碎的家庭是何等地难以承受。双手捧着录取通知书，看着家中一瘸一拐的父亲和双目失明的奶奶，我伤心至极，我更不知道该如何选择……

就在我感到无助之时，突然接到《海峡导报》记者希望采访的电话。我内心挣扎了许久，最终才同意他们前来采访。这是厦门市教育基金会与海峡导报社联合举办的“帮我一把我能飞”爱心助学活动。就是这个活动，动员社会各界人士伸出爱心之手帮助了我，还有林先生、梁女士等爱心人士到家中来慰问关心。是你们及时的爱温暖了我，是你们及时的关怀鼓励了我，让我重新回到学校，帮我圆了大学梦。是你们，让我的面庞绽放幸福的笑容；是你们，让我走出了迷茫；是你们，让我看到了未来的希望。你们的精神鼓励，滋养孜孜以求的我；你们的爱心帮助，给我的未来带来一道曙光。我对你们的无私奉献，表示衷心的感谢！

大学毕业后服务于学校，现在我是一名党员教师。我的成长离不开党的阳光沐浴与亲切教导，离不开学校辛勤教育，离不开厦门市教育基金会与社会各界爱心人士的关怀与帮助。对党说句心里话：您是太阳，为我撑起一片晴空，您是我心中不变的信仰，我将不忘初心，牢记使命，继续传递这份爱心。余生很短，我会择善而行！

（方振史，曾就读于集美大学，获得“帮我一把我能飞”爱心助学活动资助。现在同安区西柯第二中心小学工作）

陌生人的力量

◎ 吕清洁

回想起十一二年前，心中仍有无限感慨。是厦门市教育基金会的爱心助学活动，解决了我大学 4 年的学费，帮我圆了大学梦，让我能真正地“飞起来”。

我家在同安区新民镇凤南土楼村。因为经济原因，我是村里面罕见的独生子女。父母务农，再加上打一些零工，年收入 3000 元左右。我喜欢读书，从小学到初中，都是全校排名第一。

天有不测风云。2007 年，高一那年暑假，妈妈心脏病突发，连最后一句话都来不及交代，就永远地离开了我和爸爸。她离开的那天中午，还和爸爸说想看看我。

失去至亲，对我打击非常大，有段时间一直寝食难安，不断梦见她，成绩一下子跌到了十几名。一度想要放弃学业，因为之前给妈妈治病、治丧是借钱来的，我跟爸爸说，不想读书了，去打工赚钱帮家里还债。后来，是村干部和长辈们凑钱让我念完高中。

悲痛中，爸爸安慰我：“你妈肯定不愿看到你消沉的样子，生活还得继续，要把书读好。”我暗下决心，为了离去的妈妈，为了相依为命的爸爸，我要奋发图强。

高考成绩出来了，我是同安一中理科原始分第一名。但没开心多久，我和爸爸又开始发愁了，想到了高额的大学学费。

为难之际，厦门市教育基金会伸出援手帮助我，帮我圆了大学梦。

“穷且益坚，不坠青云之志”。我上了大学，读了研究生，毕业后还回到厦门工作。

我家经济遇到困难的时候，有幸遇到了这座充满爱的城市，我得到了厦门市教育基金会还有社会各界爱心人士的关心、帮助。如今，厦门市教育基金会已经走过了33年时光，帮助了一大批像我一样的困难学生，当中许多已经完成学业，走上了工作岗位，有的成为公务员，有的当上老师，还有的出国深造，大都成为各个领域的优秀人才。

十几年前的那个暑假，我深深地感受到了那些素未谋面的“陌生人”给予我的力量，是他们的帮助让我重新看到了逐梦的希望。我一直心存感激，并以此鼓励自己，努力实现自己的理想，不辜负一路上给予我关心帮助的朋友们。

感谢厦门市教育基金会曾经对我的帮助，让我能够顺利地从困境中走出来，让我能够在人生道路上走得更远。

今后的日子里，我也将尽我所能，借助厦门市教育基金会，加入爱心助学的行列，帮助更多困难学子实现梦想。

（吕清洁，曾就读于浙江大学，获得“帮我一把我能飞”爱心助学活动资助。现在厦门供电公司工作）

寒门学子的感恩

◎ 邵慧玲

我出生在农村家庭，从我记事的那一刻起，父亲就不能正常走路了，一直在吃着各种各样的药丸，喝着各种味道的药汤，母亲为了父亲的疾病到处奔波求医。当时我还不理解为什么父亲母亲要这样做，直到上了小学才知道父亲这是残疾。父亲虽然残疾，但在我的成长里他从未缺席。受到同学嘲笑时他给予我安慰，我感受到挫败感时他给予我鼓励。是他让我坚强，是他让我有一颗感恩的心。

小的时候经常在想，为什么上天那么不公平，为什么其他的小朋友有父亲接送而我却没有，渐渐长大，上了初中、高中，我才意识到我的父亲并不比别人差，他和母亲一直在维护着这一个家庭，他们都是坚强的，都是伟大的，我也要努力成长，长成参天大树保护他们。

就在即将要上大学时，我很焦虑，因为家庭经济条件不好，上了大学只会增加父母亲的负担，这就像心里一直压着的一块石头，让我寝食难安。就在面临这艰难抉择时，我受到了厦门市教育基金会的帮助，那一刻我很感动，激动得眼泪流了下来，我觉得我看到了曙光，这是一份力量，支持我走下去的力量，于是我更加坚定了我的梦想。厦门市教育基金会对我们这些寒门学子的关心与关爱，让我又一次体会到人间的真情。

在上大学时，为了不辜负这一份份的心意，不辜负厦门市基金会的关怀，我努力让自己变得更优秀，竞选学习委员的职位，参加各种比赛，参加各种公益活动，努力提高自己，成就更好的自己。

现在的我大学毕业了，成为一名教师，我认为教师不仅要教会学生学习，还要教会学生时常怀有一颗感恩之心。同样，我也会怀着一颗感恩基金会、感恩社会、感恩党和政府的心，为社会贡献出自己的一份力量。

（邵慧玲，就读于池州学院，获得盛洲助学金、群鑫助学金）

帮我一把我能飞

◎ 颜永传

我是来自厦门市翔安区的一名普通村民，目前在厦门大学附属第一医院工作，是一名消化内科医生。为什么我要强调另一个身份——医生呢？其中的缘由且听我娓娓道来。

早在 2010 年 5 月下旬之前，因家里土地被征用，爸妈只能以捡废品谋生。我正读高二，哥哥正读高三，他还有一周左右时间就要高考了，一家 4 口人挤在不到 70 平方米的破旧老房子里，虽日子过得紧巴巴，但是一家人平平安安，朝夕相见，生活简单而又幸福。但好景不长，一场突如其来的车祸打破了这个祥和的局面。在这场车祸中，母亲全身多处受伤，其中以右腿粉碎性骨折为重，肇事车主虽负全责但无经济赔偿能力，家徒四壁。父亲四处举债却凑不齐手术费用，母亲无法行手术治疗，只能在医院做简单处理后便回家调养，整天只能在 2 平方米的小床上躺着，饮食起居需家人全程护理。自此以后，家庭重担顿时落在了父亲的肩头，他每天早出晚归、不眠不休地为养家糊口而奔波。哥哥平时成绩在全年段排名前几名，受此影响，最终考取了二本院校，并且在亲朋好友的资助下，好不容易凑齐第一年学费得以圆大学梦。

至于我呢，准高三学子，不仅要承担巨大的学习压力，还要扛起照顾母亲的重任，学习、顾家两不误，每天学校、家里两点一线不停奔波。说真的，我不知道多少次在夜深人静的时候，蒙上被子，以泪洗面，但又不能大声哭出来，怕父母亲听到徒增担心，每天一早收拾起心情，告诉自己今天又是全新的一天。高三那年，真的是人生中最辛苦的一年，不管是精神上还是肉体上都深深地被鞭笞着。终于，高考结束后可以卸下学习压力这担子，当别人都在兴高采烈规划假期游玩或准备上大学的事情时，我便进工厂打零工，挣钱贴补家用，减轻父亲担子。当时心里埋下一颗种子——立志当一名医生，不为别的，只为医好母亲的病。等到了高考放榜的时候，得知自己被福建中医药大学临床医学专业录取时，终于要踏上医学殿堂，心里既乐开了花，又不由得忧上心头，这巨额的学费该如何解决。心里头多次想放弃这大学梦，辍学打工贴补家用。正当一家子不知如何是好的时候，厦门市教育基金会联系上了我们家，“爱心助学”活动圆贫困学子大学梦。在基金会和博美红木家具黄鹏辉经理的帮助下，解决了我大学 4 年学费，我终于如愿圆了大学梦。至今每每想起来，感激之情油然而生。大学生活里充满着各种诱惑，一不小心就会坠入到诱惑泥潭中，无法自拔，故每每告诫自己，拒绝诱惑，唯有学习才是正道，唯有知识才能改变命运，而这一切都掌握在自己手里。在大学期间，我不仅努力学习专业理论知识，积极参与临床实践技能培训，多次获得了校级一、二等奖学金；而且积极参与青年志愿者学会和红十字学会活动，力所能及地帮助有需要的人，多次得到嘉奖。纸上得来终觉浅，医学是门经验医学，更是门循证医学，需要理论与实践结合，才能更好地为广大人民群众的身体健康保驾护航。因学习成绩名列前茅，当选择实习医院的时候，我毫不犹豫地选择了厦门大学附属第一医院。

厦门大学附属第一医院秉承“患者为本、质量至上、科教兴院、文化强院”的宗旨，始终践行着“仁心仁术，至诚至善”的院训，诠释着勤奋、担当、德技双馨的“一院人”精神。医院将始终与人民群众的健康福祉紧密联系在一起，紧紧围绕习总书记“健康中国”蓝图，奋发图强，改革创新，为人民群众提供更优质的健康服务，矢志不渝地守护一方百姓健康。能够在这样一家医院学习和工作是多少医学子弟的梦想，而我有幸能够在此实习，这是莫大的荣幸。

临床实习是对理论学习的巩固与加强，也是对临床技能操作的培养和锻炼。尽管实习时间短暂，但是却非常重要，我倍加珍惜这段时间，珍惜每一天的锻炼和自我提高的机会。在厦门大学附属第一医院实习期间，我严格遵守医院的各项规章制度，在带教老师“放手不放眼，放眼不放心”的带教原则下，积极努力地争取每一次动手锻炼机会，同时不断翻阅书籍、报刊、文献来丰富临床理论知识，积极主动地思考临床碰到的各类问题，对于不懂的部分虚心地向带教老师请教，并及时做好知识、笔记，时而复习之。所谓“医者父母心”，作为一名实习医师，我以解除病人疾苦为己任，希望所有的患者都能尽快地康复出院，于是当我进入病房时，我都乐观积极地鼓励他们，耐心地帮他们了解疾病，树立战胜疾病的信心。我热爱本职工作，认真地对待每一项工作，热心地为病患服务。认真遵守劳动纪律，坚守岗位，尽职尽责。在一年半的实习生涯里，因见过太多的生离死别与无能为力，我充分理解了医学的意义，认识到了生命的短暂与脆弱，故决定继续读研深造，提高自己的业务能力，更好地为广大人民群众服务。

3 年的研究生生涯一晃而过，自己的理论学识和临床技能操作得到了进一步提高和丰富。毕业后也顺利进入厦门大学附属第一医院工作，正式成为一名医生，自己的人生目标也从最开始的护“小家”，到现在的保“大家”。在工作上，利用自己学之所长努力解决患者之病痛；在学习上，努力丰富和提升自己的业务能力；在学习和工作之余，积极参加医院、科室组织的各种爱心传递活动，包括义诊、敬老、帮扶、捐款、志愿服务等；在这次新冠疫情里，主动请缨参加特殊发热门诊值班、健康码导引、防疫宣传；每每看到朋友圈或者新闻里有需要帮助的人或事，发动亲朋好友有钱出钱、有力出力，参与其中，为美丽中国、和谐社会贡献自己的一份爱心。

（颜永传，曾就读于福建中医药大学，“爱心助学”活动中获得博美红木家具资助。现在厦门第一医院工作）

幸运出生在这个时代

◎ 杨嘉益

“再穷不能穷教育，再苦不能苦孩子”，20世纪七八十年代，这句话出现在了街头巷尾，在那个刚刚能吃饱饭的年代，提出这样的方针，体现了党和政府要排除万难办好教育的坚定信念。可是那个年代，受贫乏的物质条件影响，没能真正实现这句话。在我们父辈那个时代，太多的人因为各种原因中途放弃了学业，那个时候能读完初中都已经十分难得。我的父亲也是这大多数人中的一员，作为家中的长子，他早早地离开了校园，在半工半读中完成了初中学业，就不得不担负起自己对一个家庭的责任，虽时过已久，多年前偶听他谈起，言语中仍带着遗憾。举家倾囊或许只能供得起一个孩子上学，有的甚至连一个都供不起，这是一个时代的无可奈何。

随着经济建设社会发展，党的路线方针政策的推动，九年义务教育逐步落实，读书贵、上学难的问题得到了解决，越来越多的人读得起书、上得起学，大山里、高原上都响起了琅琅书声。几代人的努力没有白费，每一份付出都看得到成效。但是，就像人们常说的那样“幸福的人总是相似的，而不幸的人总有各自的不幸”。出于种种原因，还是有一小部分人的求学之路遇到了阻碍，或许因此就将停下求知问学的步伐。

于是在1988年9月，在厦门市委、市政府的大力支持下，厦门市教育基金会成立了。在之后的30多年里，厦门教育基金会通过助学活动，帮助了无数贫困学子完成了他们的求学之路，很幸运，我也是这无数名学子中的一员。那是2013年高考前的几个月，我的父亲因病离世，突如其来的变故使本来就算不上富裕的家庭雪上加霜，随后不久来的那份录取通知书，略微冲淡了这份悲伤，但也带来了压力。大学的学费和生活费成了摆在自己面前的拦路猛虎。在这里我很感谢我的班主任，在那段特殊的时间里对我进行耐心的开导与鼓励，不仅如此，她早早就替我考虑到了这些困难，帮我联系上了厦门教育基金会。时至今日，我仍清晰记得那时的心情，复杂不可言表。在厦门教育基金会各位叔叔阿姨的帮助下，我获得厦门教育基金会铁晟助学金的资助，铁晟集团的许叔叔全权负责起了我这4年的学费。在此之前，我从未想到我能够以这样的方式完成我的学业，能够被这样一份沉甸甸的善意所包裹。

不仅于此，厦门教育基金会在这4年里，还不时给予我鼓励，关心我的学业，我是被这样一道暖意呵护着走完4年，哪能不生出一颗赤子之心呢。大学这4年，我加入了许多公益组织，希望能够在自己的能力之内，帮助那些暂时有需要的人们。我进过大山，见过果农望着满仓滞销水果的踌躇；我走进过小巷，见过老手艺人面对时代变迁的无奈；我进过乡村的课堂，见过留守儿童对未来的希冀。我见过的每一个眼神都像当时的自己，需要一个引导自己走出困境的契机。也许那时的我能做的略显微薄，但我仍希望能够将这一份善意传给更多的人，希望他们也不要放弃。得益于这一段段经历，我切身体会到，自己能够完成这4年的学业是多么幸运，而这一份幸运的背后，又是多少人在默默地付出。

很幸运自己能够出生在这个时代，能够生在新中国，能够长在红旗下。在遇见与父辈相同的困境时，我们能够得来自社会的帮助，当年父亲只能选择遗憾退学，而自己却能够在厦门教育基金会的帮助下完成求学之路。这一路走来有太多需要感谢的人，这也使我感受到了自己的责任。

（杨嘉益，曾就读于福州大学，受铁晟助学金资助。现在厦门ABB开关有限公司工作）

扎根基层长才干　初心不改振乡村

◎ 洪海沫

走进同安区大同街道田洋村，道路干净、绿化整齐、空气清新，到处散发着美丽乡村舒适宜居的怡人气息。然而在几年前，这样的场景，田洋村人是不敢想象的。那时候，村里的道路不仅窄小，还坑坑洼洼，绿化也少得可怜，村庄的发展总有一种用不上力的感觉。

这一切的转变就在这几年。近年来，田洋村坚持党的领导，把加强基层党的建设、巩固党的执政基础作为贯穿乡村振兴的工作主线，创新“加减乘除”党建工作法，实现了党建工作与乡村振兴深度融合，通过党的建设高质量推动基层治理水平提升，打造出“爱党、爱村、爱心、爱拼、爱学”的“爱在田洋”党建品牌，实现华丽转身。

2018 年，我从中国公安大学毕业，成为厦门市最后一批大学生村官。来到田洋村，参与田洋的党建引领、乡村振兴工作。在组织振兴方面，每月我都会协助村委在宗祠开展“民情恳谈会”，让村民畅所欲言，发挥主人翁意识，为村建设出谋划策；我还参与打造城市党建学院实训基地，承接各类党建培训班到村参观学习的介绍讲解工作。在人才振兴方面，帮助引进各方专家“大咖”的同时，自主培育村内人才，共同参与乡村建设。在生态振兴方面，全程参与“一把扫把扫到底”生态环境整治，使乡村环境进一步美化，恢复乡村自然生活状态。在文化振兴方面，田洋村历来有重视教育的传统。在日常工作的摸索实践中，我不断挖掘田洋村科举文化，参与组织“创新微景观设计”大赛和“五四”村跑；举办跨村年夜活动，让同根同源的两岸文化交融碰撞；举办具有同安乡村民俗特色的“乡村文化艺术节”；对闲置的古厝民居进行公益图书馆、田洋书院等公共公益空间的改造，并举办“乡村手艺新生公益夏令营”。在产业振兴方面，我协助村两委搭建合作社平台，将环境整治后闲置的土地集中流转，构建旅游综合体网络，逐渐形成了农业为本、教育为体，年接待万人次流量的教育、文旅、研学村庄，走出一条具有田洋特色的艺术与生态农业相结合的乡村振兴多元化发展道路。

犹记得厦门市教育基金会理事长潘世建在2019年王氏奖学金颁奖仪式的总结致辞中讲到的：“在座的各位学子都将在各行各业发光发热，成长为国之栋梁，你们生活在最好的时代，即将见证全面建成小康社会，还将成为建设更加和谐的社会主义现代化国家的中流砥柱。”作为见证并参与中国“强起来”的一代，我深感与有荣焉；而作为一名共产党员，我深知使命在肩。

到村的第一个上午，田洋村党委书记陈水让就给我介绍了田洋的发展蓝图：要依托区位优势和西溪生态水系特色，以村两委核心团队为主，通过党建引领，带领田洋产业转型，走出一条具有田洋特色的乡村振兴发展道路。大学生村官生涯，乡村振兴的工作开展得如火如荼，我的初心也不变：既然选择了大学生村官这条道路，就要坚定自己的信念，秉持田洋村“甘蔗精神”：外表干硬，内在清甜，甘于奉献。

民族复兴的使命要靠奋斗来实现，人生理想的风帆要靠奋斗来扬起。一代人有一代人的长征，一代人有一代人的担当。作为成长在民族复兴伟大历史时期的一代，我将不负王氏奖学金捐赠者的殷切期望，继续在基层工作岗位上，展现青年人的担当与信仰，牢记党的嘱托，切实为群众服务，争取做一个在基层踏实肯干的青年。

（洪海沫，曾就读于中国公安大学，多次获得王氏奖学金。现在同安区大同街道田洋村工作）

因为爱　永不言弃

◎ 陈美环

“有一种恩情永远铭记，有一种爱深植心底。”19 年前，基金会的关爱像一盏明灯照亮我求学的路，也让我带着这份爱温暖前行。时间过得真快，转眼间，自己踏上特教这块贫瘠的土地已 14 年。在这 14 年的时间里，有过失落，有过迷茫，但更有爱一路相伴，让我永不言弃。

我是一个出生在翔安农村的孩子，出生 3 天，因为是女孩，就被亲生父母遗弃。收养我的奶奶已年迈，50 多岁的养父也体弱多病，靠耕种两亩薄田维持生计。俗话说“家徒四壁”，实际上我家连“四壁”都不完整，墙体龟裂，难挡风雨。养父用一块木板当床，一根木条裹报纸当枕头，一日三餐难度，供我读书更是艰难。勉强读完小学、初中，上高中就不敢奢望了。这时，正临厦门市教育基金会在同安颁发陈恺教育奖助金，作为受助学生的代表，我在颁发会上作了“我渴望读书”的发言。我的渴望读书之心，引起基金会老师的关注。把我介绍给这次颁发会义演的闽南语著名歌手陈飞和梦珍，她们当即表示要资助我升入高一级学校的学杂费，圆我读书梦。

有了教育基金会和陈飞、梦珍姐姐的承诺，我满怀信心地走进中考的考场，终于以优异的成绩考上五年制“南京特教学院”大专班。拿到录取通知书时，奶奶和养父并没有露出我期待的笑容，因为他们是拿不出一年几千元学费的。这时，教育基金会的老师和陈飞、梦珍姐姐来了，先送来第一学年的学费，此后 5 年，都按时提供我的学杂费，使我的大学梦得以实现。他们亲切地称我是“基金会的孩子”。逢年过节他们为孙子派红包，我也有一个；他们为孩子买衣服，我也有一件；基金会有活动，我就来当义工。真幸运，我有两个歌手姐姐，有基金会这个家。正是他们，支撑着我度过了人生的艰难岁月，让我克服一个又一个困难；正是他们，改变了我的人生，才有了我的今天。

学习上，我加倍地努力。在“夏天似火炉”的南京，不管天气多热，我都学习到深夜；冬天，教室像冰窖一样，很多人都钻进宿舍被窝里，我还是坚持在教室苦读。有人问我何必那么辛苦，我想：我一无所有，每年能拿得出来向基金会老师们汇报的唯有我的成绩和表现。我真真切切地把教育基金会当成我背后的靠山和前进的推动力。5年时间里，我一次又一次获得一等奖学金、省政府奖学金，获得优秀团干部、优秀毕业生等荣誉称号。2007年师范毕业后通过招聘考试，顺利被思明区特教学校录用，终于实现自己多年的梦想，成为一名真正的人民教师。

作为一名新教师，我如饥似渴地学习，参加教具玩具比赛、演讲比赛、读书征文比赛，我抓紧一切锻炼机会。工作至今，我比别人更勤奋更努力，积极报名开各级各类的公开课，市级班会课“闽南中秋博饼”受到了听课领导和老师的一致好评，参加市级教师技能大赛获得三等奖，多篇论文获得省级二等奖，市级一等奖、三等奖等并被收入汇编。2014年独自承担区级课题“结构化教学法在自闭症儿童蒙台梭利训练课中的运用”并顺利结题。2013年我被确认为青年教学能手，2014年获市优秀少先队辅导员，2016年开了特殊教育省级展示课获得省内听课老师的好评，2017年独自承担区级课题“运用视觉提示提高低段智障学生书写能力研究”也顺利结题，连续三年考核优秀，现担任语文学科教研组长的工作。所有这些点滴成长与小小成绩都来自教育基金会老师们给我的动力与鼓励。

回想那时，我捧着“优秀毕业生”的奖状，带着恩师信任的眼神，同学们祝福的话语，踏上了返乡的列车。我的心已飞回了故乡那所特教学校，也对自己未来的工作充满了希冀和憧憬，思绪就像那疾驰的列车，想象着在基金会的关爱帮助下终于实现了成为一名人民教师的梦想，踏上那三尺讲台，与孩子们驰骋在知识的海洋里，享受着孩子们成功的喜悦和对我的崇敬。但当我到思明特校工作时，我那理想的列车再也载不动沉重的现实。我们班 7 个孩子，有 4 个自闭、2 个多动、1 个语言障碍。当我走进课堂时，孩子们无视我的存在，继续玩自己的，其中一个自闭症孩子王某某用他那粘满口水和鼻涕脏兮兮的双手在我的衣服上留下了一个印记清晰的“五花印”，给了我一个永远难忘的见面礼。

有人说：“自闭症的孩子是上帝派下人间的天使，他们有着跟常人不同的思想和语言。”我们班的这些小天使有的对你的讲话和指令无动于衷，有的目中无人地乱蹦乱跳，有的突然大喊大叫，注意力集中的时间更是短，刚开始一堂课下来注意力集中的时间大多不超过十分钟。这时候我迷茫了，不知道如何才能走进这群小天使的内心和他们进行沟通交流。即便我提高嗓音，加大表演动作的力度，但仍吸引不了他们的注意力。就在我迷茫无助的时候，是孩子们的爱感动了我也唤醒了我。有一次我感冒了，无精打采地进了教室，刚响预备铃，由于头痛我把双手支撑在讲台上稍作休息。忽然听到黄某某口齿不清地说：“陈老师生病了。”班长林某某是个轻度智障的孩子，用重重地口气说：“不要讲话，陈老师生病了。”是啊！谁说智障孩子笨，谁说他们不懂得爱别人！自己小小的身体不适，这群可爱的孩子还是看出来了，也懂得了用上课不讲话的办法来减轻老师的负担。这说明了他们体会到了老师的爱并同样也用自己的方式爱着老师的。“陈老师生病了。”“不要讲话，陈老师生病了。”两句最简单的话胜过千言万语，它是孩子们用最朴实最简单的方式表达了他们对老师的爱。正是这种爱重新燃起了我希望的灯。

望着这群依赖我、信任我、关心我的“残苗”，我心中再次涌起那种责任感。我是老师，我要给这些寻梦的小天使引路，在他们的心里写一本最美的书。在以后的日子里，我持积极的态度，主动地给予他们更多的关注、更多的关心、更多的爱抚。王某某不会发音，我面对面，一百遍一千遍地教，尿裤子了我来替他换。张某某不会写字我手把手地教他写。每天早上第一个到校，只要孩子们一到学校，我就到班级带他们早读，跟他们交流，给孩子做个别辅导。慢慢地，孩子们的口头表达能力提高了，颜某某、翁某某两个程度比较轻的自闭症孩子会组一些生活中常见的词、说一些常用的句子，懂得简单地交流。黄某某看图说话的能力提高了，也会写"口""大"等一些简单的字。林某某的理解能力也提高不少。整个班级语文课的纪律也比以前好了很多，大部分孩子都能安静地坐在座位上认真听讲，程度轻一些的孩子也懂得了积极举手回答问题。我想没有什么比孩子的这些进步更让人欣喜的，我的用心付出能换来"残苗"的茁壮成长，就算再苦再累也无怨无悔。

作为特校的老师也许永远体验不到满园春色的美景，更没有桃李满天下的骄傲，但执着与耕耘，铸就了一份份美丽的希望。因为爱，我们永不言弃。孩子的每一点进步都带给我们无限的快乐、幸福和充实，坚定了我前行的信念与脚步。孩子每一声简单的"老师好"都化成我们的责任，使我不断自省和沉思，力求探索出一条适合他们的发展之路。康复一个，幸福一家，解放一片，是我们永远的特教情怀。因为爱，永不言弃。在未来的日子里，我也将继续把基金会的大爱精神落实到自己工作的点滴中去，让爱一路相伴温暖你我他。

（陈美环，曾就读于南京特教学院。长期受到基金会资助。现在厦门市思明区特教学校工作）

爱伴随着我的学习生涯

◎ 吴晓均

时光飞逝，距离2014年本科入学已经过去6年多了，2020年7月我也从研究生毕业，正式走上工作岗位。今天提笔写下这篇感谢信的时候，突然有种思绪万千的感觉，但是又不知道从何下笔，所谓是“腹有万语，不知所云”。征稿函里说，2021年7月1日是中国共产党成立一百周年，“为迎接与庆祝这个伟大日子，我会将编辑《爱心永恒——厦门市教育基金会的三十三年》”。作为一名在大学期间受过厦门市教育基金会资助过的学子，现在也作为一名共产党员和央企工程师，在这里回忆下我与厦门市教育基金会的因缘，也谈谈我对党和国家的理解与感恩。

回首往事，2014年夏天我高考结束，8月中旬就一个人背着大包小包去西安上大学。由于家庭变故，当时我家条件比较差，所以当时我们申请了福建农村信用社的生源地贷款（工作以后也已经还清了贷款），然后很感激的是，通过《海峡导报》，我们也申请到了厦门市教育基金会的资助。另外，西安电子科技大学厦门校友会和一位同乡的柯先生也通过《海峡导报》的报道给予我资助。这些资助很大程度缓解了家里的经济压力，也让我在大学期间可以更专心于学业。在这里真的感谢厦门市教育基金会和社会各界爱心人士的关怀和帮助。

大学期间，除了做好学习的本职工作和参加各类竞赛活动，作为班干部也我勤勤恳恳为集体出一份力，还很荣幸加入了中国共产党。在党的亲切教导、学校辛勤教育、社会各界爱心人士的关怀与帮助下，我在西电顺利完成了本科的学习，取得了不错的学习成绩，并被保送到北京大学信息管理系攻读硕士学位。研究生阶段，我一边参与科研项目，一边在互联网公司实习实践，在知识和技能上都取得了极大的进步。

而如今我已经研究生毕业，正式进入职场了，现就职于一家央企的技术开发部门。因为刚入职不久，所以我还没有取得什么成绩。但是我相信天道酬勤，通过自己不断的学习和努力，追求卓越，未来就可以在自己的岗位上做出贡献，回馈党和国家，回馈社会。有时候我也会力所能及地帮助他人，希望自己能将厦门市教育基金会和社会各界爱心人士的爱心传递下去。

千言万语汇成两个字，那就是“感谢”！感谢党和国家对我的关怀，我也将不负国家和人民所托，坚守岗位，尽职尽责；感谢本科和研究生母校的栽培，感谢恩师和同学们的帮助，在这里我看到了一个更大的世界，看到了科技与学术云顶之巅的绝美风景；感谢厦门市教育基金会和社会各界爱心人士对我的资助，我也将多多帮助他人和弱势群体，把这份爱心传递下去。

（吴晓均，曾就读于西安电子科技大学、北京大学。获得基金会与《海峡导报》“爱心助学”活动资助。现在中电科新型智慧城市研究院有限公司工作）

爱的种子

◎ 周秀仙

2006年暑期的一天，一个电话给我们的小家投进了一束阳光。电话里，厦门市教育基金会的老师告诉妈妈，他们通过外国语学校了解到我们的家庭情况，打算在报纸上进行教育基金的募捐。当初一直觉得或许有更需要资助的家庭急需这样的平台去为孩子筹集学费，闽南人骨子里那种不爱抛头露面的性格，让我们拒绝了基金会伸出的爱的“橄榄枝”。只是没想到，他们始终将这件事放在他们心上，没过多久就又接到电话，说集美的一个企业家打算资助包括我在内的几位学子4年学费。从小到大父母的艰苦，那些年装修房子带来的压力，还有哥哥需要每年1万多元学费的压力，虽然父母从来不会在我们面前说，但是我都看在眼里，所以这个消息带来的欣喜无法言喻。

那个平凡的夏天，因为基金会的这个喜讯而感觉生活里充满了甜。后来还遇到了同样受资助的几位学子，一同在基金会参加了助学金发放仪式。具体的过程虽然忘记，但是从那个时候开始悄悄播下了一颗神奇的爱的种子。正是因为有厦门教育基金会对受资助对象信息的筛查，对受资助学子的信息对接，让我们这些寒门学子们有机会可以跟爱心企业家成功对接上，让我们可以无忧度过大学生活，同时也减轻了父母的经济压力。那个时候我就在心里默默地想，以后不管工资如何，助人这条路是必走不可了，因为曾经被温暖到，所以特别想自己也可以用点滴之举温暖别人。

有了这份助学金的加持，在没有经济压力的同时，我大学4年里不会像别人那样挥霍时间，因为自己的学费上有着一份期许，所以上大学时认真学习专业知识，还在大二上学期拿到了学院奖学金。每年暑期去基金会接受助学金的时候，资助我们的企业家完全没有私心，他只是希望学子们可以在学业上奋发图强。有了这份拼搏的精神，自己在2010年大学毕业那年成功拿到了法律职业资格证，拿到证书的那一刻，这份感恩之心更甚！直到现在，这份期许都在工作、生活里发挥着作用，不过更重要的是爱的种子在我步入社会后开始发芽了。

走上工作岗位，我虽然工资不高，但是当初的那份立誓：在自己能力范围内帮助需要的人，始终影响着我。参与海沧区妇联的爱心妈妈关怀行动，给海沧东孚的环卫工人家庭赠送了10套幼儿图书，还有给予那些众筹家庭点滴支持，给予身边环卫阿姨物资支持。以前一直不懂自己做这些事的动力是什么。直到再次接到基金会的电话，终于了然，当初那个少年虽然是默默地接受了爱心企业家的资助，但是爱的种子早已悄然在心里生根发芽，也不断通过这些点滴爱心之举收获别人的感恩，润色了自己的人生。

在那个懵懂的年纪里，资助让她第一次知道了来自陌生人的温暖，也让她知道了“赠人玫瑰，手有余香”的意义，让她余生始终坚信相信总会遇到美好。

（周秀仙，曾就读于福州大学，受林钰锟助学金资助4年。现在厦门市海沧区嵩屿街道工作）

风雨无阻　砥砺前行

◎李　晶

厦门市教育基金会为建党100周年编书的邀稿，我接到之后，欣喜之余从书柜翻出那一本本奖励证书，思绪不禁飘回十年前与基金会的初识。

当时还在南京信息工程大学读大二的我，接到父亲的一通电话，告诉我有机会申请厦门市教育基金会的王淑景王文斗奖学金。抱着试试看的心态，我将当时在校所获的奖项证书都扫描给父亲，委托他帮我申请。让人惊喜的是，我竟然申请成功了！于是在2011年的春节，我领到了第一张贴着我小学四年级两寸照片的王淑景王文斗奖学金证书与两千元的大红包。在此我用“惊喜”一词，一方面在于我对就读的本科高校信心不足，虽然是国内大气科学领域排名顶尖的高校，但非气象专业的人可能对此高校知之甚少；另一方面，我不禁感叹身为厦门学子的优势，不愧是个注重教育发展的著名侨乡，每次与他人提及厦门市教育基金会，我心中满满都是感恩与自豪。

对于一名在异乡求学的厦门学子而言，每每想到故乡有这样一个组织，关心着你在外求学的情况，为你取得的优异成绩而喜悦，为你获得的每个奖项而欣慰，甚至在春节回家团圆之际送上对你这一年来努力付出的肯定，还有什么理由不好好学习呢？异乡求学固然辛苦，但是有了家人与厦门市教育基金会的牵挂，在冬日严寒、夏日酷暑的教室中自习，我也会因心中这股暖流而激情满满，干劲十足。于是，我第二年再接再厉，不仅在校获得了国家奖学金，“毫不意外”也得到了厦门市教育基金会的嘉奖。这一年，基金会还为我准备了一份“大礼”，让我以2012年王淑景王文斗奖学金获得者、优秀学生代表的身份在颁奖典礼上发言。当我得知基金会选我上台发言的时候，内心既惊喜又惶恐。惊喜的原因不言而喻——你的存在被人注意，你的努力被人肯定，甚至还被树立成榜样；但是当我一想到台下坐着许多来自北大、清华、复旦、上海交大的天之骄子时，我有点怀疑自己是否足够优秀，是否令人信服，甚至曾经想过放弃这个机会。但最终我还是说服了自己，因为这是我通过自己努力得到的肯定和赏识，为什么不欣然接受呢？带着这份信念，我登上了演讲台。记得当时第一个上台演讲的是来自清华大学的一位学生会主席，不得不承认，他那些关于校园生活及学生会活动的精彩绝伦的发言让我佩服得五体投地。但此时已经容不得我过多地思考，我上台仅仅是把我在学校的学习状态叙述给大家听，写实且平静，就像一无声的黑白老电影，虽然不够绚丽，但我深知我自己的成绩就是这样一步一个脚印得来的。可能对于成功的定义有千千万万，获取成功的途径也有许许多多，而我为自己选择的是那条让我自己最安心的漫漫求学路，也因此我现在走上了科研的道路。

厦门教育基金会的颁奖典礼的确是一个很好的交流平台，能够让广大学子展现高校学习生活的多面性，体会不一样的校园生活，依此为自己选择一条更适合的发展方向，并且还能广结善缘，新老同学齐聚一堂。之后的两年我都成为基金会的“固定会员”，在颁奖典礼上听取过许多优秀学子的经历分享之后，我更加享受我这种似乎只是黑白电影似的无味的学习生活，干净、单纯。当我大三进入实验室之后，将所学知识运用到研究中，通过文献了解他人的实验经历和成果，自己动手实现实验过程并且得出成果的一瞬间，世界都变成了彩色！我深刻体会到这应该就是我想走的路，因此坚定地选择了读研。因为本科优异的成绩，我于2013年成功保送至中国科学院大气物理研究所进行5年硕博连读，攻读气象学专业，主要研究气候变化。读博期间，曾到美国高校进行2年的公费访学交流，并荣获中国科学院院长优秀奖、北京市普通高等学校“优秀毕业生”、博士研究生国家奖学金，以及“中国科学院大气物理研究所优秀博士论文”等诸多奖项。毕业后，于2018年到香港中文大学进站做了为期2年的博士后研究，并于2020年顺利出站，入职福建农林大学，为故乡的发展建设贡献自己的力量。

（李晶，于南京信息工程大学就读本科，在中国科学院大气物理研究所进行5年硕博连读，香港中文大学博士后。现在福建农林大学工作）

让我懂得去帮助别人

◎廖　显

我清楚地记得与厦门市教育基金会相遇的经历。那一天，辅导员通知我去参加基金会的助学金颁发仪式，当时我就觉得有点惊讶，以为基金会是学校的一个组织，没想到其实它的地址在厦门市湖滨南路20号基金大厦。当我来到这所大厦的时候，为其规模宏大所惊叹。其后会议的主持人讲述为什么基金会的工作人员都窝在半层楼的办公室工作，其实还是为了学生们。他们秉承厦门市教育基金会的理念宗旨，极力地压缩办公的场所，将空余的地方出租，然后将所得租金再次投入基金会的奖助师生资金的使用上，何其伟大、何其无私的一种做法。我深深地感到钦佩和荣幸，钦佩的是基金会里的每一位成员都是那么朴素高洁，荣幸的是这份陈剑渊王耐助学金的背后是如此的厚重和不易。

会议上，我记得发言者讲述了基金会创办的历史。30多年来，厦门市教育基金会在市教育局的直接指导下，得到本市社会各界与海外华侨华人、港澳台同胞的广泛支持，不断发展壮大。我尤为记得一位高龄的捐赠者的故事，她叫锺陈淑琴，一个很美的名字，就像她爱护莘莘学子的内心一样干净善良，她是一名在新加坡的实业华侨，本来80多岁高龄了，但是依然坚持在每年颁发助学金的时候，从新加坡赶来厦门，与新一代的受助学生一起见面。虽然没有见到这位亲切和蔼的人儿，但是我相信她一定是岁月吹不垮的优雅女性，她常常衣着朴素地生活，但在遇到贫困学子的时候，却毫不吝啬她的财富，心甘情愿地将其资助给需要的人们。她的故事太多，可能都讲不完，但仅仅从只言片语中，我们知道了世界上原来有着像她那么好的人，而且不仅是她，每一位支持基金会建设的人们都是像她这样，无私又善良，受人爱戴且令人尊敬的。

在大学期间，我能够衣食无忧地在校园里学习，没有后顾之忧地、忘我地沉浸在学习的海洋中，我不会忘记，背后有这样一群人在支持着我，愿意伸出援助之手，将我从生活的困难和窘迫之中解救出来。作为一名刚毕业才走进社会的新人，大学的生活虽然已经远去，但溜得走的是时间，流不走的是沉淀下的知识，流不走的是心中的愿景，流不走的是对捐助者的感激。虽然素昧平生，但是这一份爱心将我和基金会彼此联系在了一起，这份不求回报的给予，让我更加懂得自己肩上的使命，勤奋地把握时光，将自己的微薄之力贡献于伟大祖国富强的建设之中。或许现在只是一颗小螺丝钉，但我也会坚信自己的价值，展现出独属自己的时代风采。满怀着这份期许，我想我会让自己走的步子更加坚定而稳健。当我也成长为一个真正有能力的人的时候，我也会想起当初对我伸出援助之手的人们，然后像他们一样，用自己的能力，尽可能地去帮助处在苦难境地的人们。只因为这份爱是传承下去的，我相信，只要还有一个人在做慈善，就会有更多的人做慈善，因为榜样的力量，因为心中的那份同理心。

授人以鱼不如授人以渔，这份助学金不仅仅给我物质上的激励，更多的是一种人格的培养，让我懂得去帮助别人所获得的快乐的意义更大。心怀感恩，砥砺前行。

（廖昱，曾就读于厦门大学管理学院，获得陈氏助学金。现在深圳市农科集团工作）

用行动回馈温暖

◎贺　燕

2021年，是我踏入工作岗位的第一个年头。站在成长的路上回头看，在我人生中的重大转折点上，一直有党的关心，有厦门市教育基金会的陪伴。

2016年，是我人生的第一个转折点：那时候的我刚告别高中的青涩，背起行囊，踏入令我无比憧憬的大学生活。

大学算得上是我对党深刻认识的起点，在学习上会有身为党员的同学指点我，生活中也有优秀的党员干部和老师的帮助，其中令我记忆最为深刻的还属两件事：

一是在经“莫兰蒂”一夜摧残的校园内，我看到很多老师和同学来回奔走，他们手中抱着被台风撕扯下来的树枝，胸前带着一枚明晃晃的党徽，当时我听到了有人说了一句：“这小小的党徽戴在胸前，干啥都有劲儿。”那时的我才踏入大学校门一个月，为了能够像他们一样有干劲，递交了入党申请书，并于2016年10月成为一名入党积极分子，这是我向党靠近的重要一步。

二是在厦门市教育基金会举行的助学金颁发仪式上。我作为资助对象去参加这次助学金的颁发仪式。在颁发仪式上，我感受到了基金会全体工作人员的奉献精神以及大爱，他们不仅关注着厦门教育，心系追梦中的贫困学子，还传递着爱心，散发着他们的光和热。自2016年开始，获得了陈剑渊王耐助学金4年的资助，让我感受到雪中送炭的温暖，沙漠之泉的甘甜。也正是这个时候，我清楚地意识到我今后也要向这些可爱的人看齐，认真地完成学业，不荒废大学时光，不让基金会失望，在学有所成之后回馈社会！

2020年，是我人生中第二个转折点：面对人生舞台从校园到社会的转变，我无所适从。

对国家而言，2020年是不平凡的一年。新冠病毒肆虐，有多少忠诚优秀的儿女，抛家离子，以大局为重；有多少共产党员率先垂范，以身作则，奋战在抗疫的最前线。在党中央的英明领导下，全国人民众志成城，团结一心，阻隔病毒，切断病毒传染源，在短时间之内取得了武汉保卫战的决定性胜利。

对厦门市教育基金会而言，2020年是迎难而上的一年。受新冠疫情的影响，筹募教育基金、开展慈善活动等都存在困难，但是教育基金会秉承“开展慈善，贵在用心”的理念，振奋精神，迎难而上，坚持开拓慈善事业。为响应党中央的号召，共赴时艰，全民抗疫，厦门市教育基金会为支援湖北疫情捐赠了30万元，并为承租基金大厦等处房屋的租客适当减免了租金，在基金会工作的全体党员，参加了所在单位组织的党员捐款活动。

对我自身而言，2020年是充满机遇和挑战的一年。在这一年里，作为毕业生，不能按时返回学校参加适任证书的培训，毕业实习也成了一个让学校也让学生头疼的问题，然而影响最大的还是疫情带来的就业问题，延期的公务员面试让我在家中一待便是半年，看着同学们陆续走上了工作岗位，心中不免着急，备考的心也逐渐浮躁起来。好在功夫不负有心人，在11月底，我终于成功地加入了海事的队伍，对我们党的认识也从书本上的理论转为实践，越来越深刻地体会到“全心全意为人民服务”这句话的含义，体会到我们党对广大人民群众的责任感。但同时，对于没有工作经验的我而言，走进工作岗位也就迎来了新一轮的挑战，但是我相信，挑战总是和机遇并存，只要自己不向挑战低头，一定能抓住机遇，不断向前。

作为青年党员，我一定会发挥党员作用，勇于担当，强化基层岗位实践，勇于投身一线工作，练就过硬的工作本领，向党交上一张满意的答卷，报答厦门市教育基金会的关爱之情。

（贺燕，曾就读于集美大学，获得陈氏助学金。现在工作单位广东省佛山市海事局）

坚持真心　继续前行

◎ 薛飞来

人生如线，只要今天还在延续，只要明天还有希望，我们就永远在起点上，永远在奔跑的路上。不要惧怕路长，不要抱怨路边没有风景，一个人的行程，总会有很多困难、诱惑、无奈和陷阱，任何时候都不要绝望，那些脚下的坎坷都是垫高我们人生的基石，也许转机就在下一个转角！

曾经在杂志上看到过这样一篇文章叫《365天生命余额》。有这样一位姑娘，她在自己人生的倒计时阶段，为自己还没有来得及的事情列了一张愿望清单，她要写论文、去游泳、学英语……一年过去了，她还好好地活着，而愿望清单上面的事情一件件被完成。她因此看见更广阔的世界，愉悦的精神在一定程度上甚至阻挡了癌细胞的攻击，她减少了自己的遗憾，也延长了自己的生命。4年后，她终究还是离开了这个世界，但这个时候她已经用乐观的微笑、不断推出的新目标，将医生预言过的寿命，延长了一大截。没有人的一生是一帆风顺的，只是在曲折的路上依然选择遵从内心，砥砺前行。

结束了4年大学学习生活，我现在就职于一家IT行业科技公司，从事软件开发工作，正努力成长为一名合格的开发工程师，能这样从事自己喜欢的工作，少不了学校的教育和厦门教育基金会的帮助。

大一那年在学院辅导员的帮助下，我很幸运地接受厦门基金会洪氏助学金4年的经济支持，每年5000元是一笔不小的数目，可以解决基本的温饱问题，让我能够和其他学子一样，不用为生活费担忧发愁，专心学习专业知识。毕业的时候也曾有过彷徨，选择继续读研深造还是工作，是我面临的一道难题。后面选择直接出来工作的原因很简单，想要早一点到社会上磨砺锻炼自己，早一点为国家做点什么。16年的学生生涯期间，我接受过来自学校和社会各界的太多帮助，正是因为有各种公益组织的关爱和厦门教育基金会的帮扶，我才能如此顺利地毕业，找到自己喜欢的工作，做着喜欢的事情。

2020年，全国乃至全球的各个行业都受到严重的冲击，各个行业都面临着巨大的挑战，在这样困难复杂的大环境下，面对疫情这场没有硝烟的战争，有很多人选择逆流而上，选择坚守在最危险的岗位上，只为让老百姓放心。每个人都在自己的岗位上奉献自己的价值，这些来自社会的正能量，也让我更加坚信自己的选择。“为善如负重登山，志虽已确，而力犹恐不及；为恶如乘骏马走坡，虽不加鞭策，而足亦不能制。”为善，从来就不是一件易事，不仅要坚持善良的初心，同样也要有清醒的头脑和机智的行动，这是《目光》这本书的主人公陶勇，在被自己的病人重伤之后说过的话。

对于给予我帮助的洪氏助学金传承人，他们这份宽广的胸怀和善于帮助别人的行为让我默默为他们鼓掌，为每一位奉献在教育资助方的工作者们致谢，感谢他们让迫切需要帮助的学生及时地得到就学帮助。“送人玫瑰，手有余香”，在接受教育的过程中，我受到过国家、学校、教育机构的关照和帮助，这份爱心我也一直铭记于心。自己以后有了一定的经济基础之后也要向他们学习。给予别人帮助本身是一件十分快乐的事情，幸福同样属于施与的人。

（薛飞来，曾就读于厦门大学，获得洪氏助学金，现在工作单位广州浩鲸云计算科技有限公司）

争做一名优秀教师

◎ 蒋金钟

18年前我考上了高中，与厦门市教育基金会结下了不解之缘，感受到了基金会对我的关爱，感受到了社会的温暖，感受到了党的伟大与教育政策的英明。

小时候本是无忧无虑，但随着年龄的增长，我渐渐意识到家里经济很不好，读到初中时，家中已借了许多债，了解到高中高昂的学费，我才意识到自己可能读不了书了，自己将面临的可能是辍学。后来机缘巧合我考上了厦门双十中学，班主任赵老师在了解了我家的经济情况之后，告诉我："金钟，不用担心你的学费问题。"他帮我跟学校申请减免学费，甚至后面连我的生活费也一并解决了。在赵老师的帮助下，我申请到了厦门市教育基金会的各种奖学金及助学金，这让我不用再为我的生活费操心了，刚上高中的我感受到了社会的温暖。

厦门市教育基金会是一个默默关心着贫困学生的机构。通过与各个学校沟通，找出每一个需要帮助的孩子，给予他们各种关心。无论是奖学金还是助学金，对我来说，都是一笔不小的金额，我拿到的不仅仅是厦门市教育基金会给的，更是党和国家给的，而我感受到的厦门市教育基金会的关心，更是党和国家对我们的关怀。这些钱充当了我的生活费，也减轻了我父母身上的重担，对我和我家来说，是一场及时雨，它让我能更加专心地学习，更加茁壮地成长。

基金会对我的资助，不仅仅是经济上的资助，它更是让我懂得了社会的爱，懂得了党和国家的爱，懂得了要去做一个感恩的人，懂得了好好学习去帮助更多的人，懂得了要坚持心中的理想与信念。

在基金会的帮助下，我顺利完成了学业，高中毕业后我考上了心目中理想的大学。上大学时，我也参加了各种社团，如“仁己社”，一个做公益活动的爱心团体，努力贡献出自己的一份力。我还利用暑假去支教，去帮助更多的人。我心中有那么一份坚持，就是尽自己的所能，去为社会贡献自己的力量。

大学毕业后，我做了一名人民教师。我想像当年我的老师那样，为祖国培养优秀的接班人。每次看着台下的学生，仿佛看到了当年的自己，我愿意竭尽自己所能，去帮助每一个需要帮助的孩子。人生路很长，这对我来说只是刚开始而已，我会做好自己，做一名优秀的人民教师。

（蒋金钟，曾就读于天津大学数学系。现在厦门第六中学工作）

借得大江千斛水　研为翰墨颂恩情

◎ 许玲玲

时隔 14 年，再次收到厦门市教育基金会的征稿函，内心依然是满满的感恩。看到自己曾经用真心书写的感谢信，过往的经历历历在目。人生的跌宕起伏匆匆而过，当年用稚嫩的笔尖写出肺腑之言的我，如今已过而立之年。

曾经，在最困难之时，有厦门基金会的爱心相助，让我能勇敢地继续往前走；因为有厦门教育基金会的博爱之心，在我的心灵留下了温暖的印记，中华民族的优良传统在厦门教育基金会的爱心行动中得到了弘扬。

我相信，爱是可以传递的。当别人给予你温暖，给予你帮助，给予你爱，那么你也会想要把这份爱传递给其他人，把善意传递给他人。我坚定地相信教师是一个足够庞大并且能传承爱的载体，我想用鼓励和爱在另一群人眼中折射出这个世界最初的模样，做一个灵魂的摆渡人——于是，我选择成为一名教师。

虽说大恩不言谢，但我也不曾忘记学习机会的来之不易，不曾忘记濒临绝境的人的艰难处境。从教以来，我肩负着爱心传承的职责与使命，对待工作兢兢业业、勤勤恳恳，爱我的每一个学生，身体力行，信仰不言之教，不令而行，希望能够成为孩子们的榜样，做一个他们最信任的引路人。以爱为桥，用心教育，懂得博爱包容是育人的前提，也懂得教育的本质是爱，唯有爱能化解一切，能改变一切。多年努力，也小有收获，所带领的班级学生积极参加各级各类比赛活动，指导学生获得国家级、省级、市级多项奖项。在 2012—2013 学年、2014—2015 学年、2015—2016 学年获校优秀教师、校科技节优秀指导教师；2014—2015 学年被评为国家示范校先进个人；2016—2017 学年、2017—2018 学年获校优秀教师，2017—2018 学年获校优秀共产党员；2017—2018 学年因在福建省示范性现代职业院校建设工程工作中表现优异，荣获"贡献奖"；2017—2018 学年被评为厦门市职业院校"双师型"教师；也先后获得厦门市职业教育振兴奖、厦门市优秀班主任、福建省优秀指导教师、厦门市优秀指导教师等荣誉，所有的荣誉只是证明自己一直在努力，也证明自己无愧于厦门教育基金会的爱心相助以及党和国家的辛勤培育。

作为一名党员教师，我也将自觉把红色基因转化为对党忠诚的坚定信仰；把初心转化为教书育人的使命担当；把砥砺前行转化为爱心传承的赤子情怀。秉持党的'不忘初心、牢记使命'的教导，努力工作，继续前行，有一分热，发一分光，奉献在为教书育人的岗位上，不辜负党和国家对我的恩情和期望。

十四载历历在目，恩情重如山，如今我父亲不幸身染重病。住院期间，一生命途多舛的老父亲始终要我记住感恩，不要耽误工作，用一腔的热血坚守三尺讲台，以育人为己任，将爱心代代相传。

感恩的热血在心中流淌，感恩的思想在脑海中跳动，感恩的胸怀无比坦荡，感谢国家的助学政策、感谢那些曾经给予帮助却不图回报的人们，我也将怀着感恩之心继续生活，"以赤诚之心、奉献之心、仁爱之心投身教育事业"，在我平凡的工作岗位上，兢兢业业，将爱心传递下去。

（许玲玲，曾就读于同济大学，2006 年受航空港助学金资助。现在厦门信息学校工作）

远渡重洋求学　学成归来建故乡

◎ 洪江水

在厦门市教育基金会中，王氏奖学基金是最早的一项。有关材料介绍："1988 年，香港尧阳茶行的王灿云女士和她的兄弟姐妹为继承父辈关心家乡教育的遗愿，捐款 200 万元港币，以其祖父王淑景、父亲王文斗两先生的名讳，在厦门设立了王氏奖学基金。"在它成立 20 周年时，曾任省政协副主席、厦门市副市长的郭振家说："王氏奖学基金是厦门市第一个专项教育基金，开创厦门市教育基金之先河，对厦门市教育基金会的成立、发展、壮大发挥了积极作用。"据官方数据统计，该基金成立 30 多年来，奖励优秀学生超过 5 千名。很有幸，我在大学本科期间连续 3 年获得王氏奖学金。

2020 年 10 月 25 日，时逢重阳，感恩敬老。基金会的何老师携同我一起登门拜访王氏奖学基金捐资人之一王丽云女士。她在电梯门口迎接我们，脸上露出慈祥和蔼的微笑。记得上次见面，应该是 6 年前了。

在与王丽云女士闲聊的时候，我主动了描述了我目前自主创业的情况以及之前出国留学的经历，她都感到非常开心与欣慰。

我多次提到，感谢她们当初成立的这项教育基金。这在我大学本科期间，对我起到了非常大的鼓励作用。王丽云女士跟我们聊到了爱国华侨领袖陈嘉庚，中国著名科学家钱学森等先辈们的付出与贡献。

我们还聊到了我们每个人的梦，王丽云女士说道："我年轻时的梦想是学会苏联手扶拖拉机。"每个人年轻时候的梦想，似乎就是对应年代的一个缩影。

我也想起了我的个人梦想。我与王氏奖学金结缘，王氏奖学金不断地激励我进步与成长。2014 年 2 月，我首次拿到奖学金，一起获奖的是来自全国的 70 多名来自不同院校的优秀学子。我坐在台下，听着几位获奖代表发言。我默默地告诉自己，我还要继续努力，争取明年还能拿到这个奖学金，并且有机会能够站在台上分享。是的，第二年我做到了，我的学习成绩从班级第二名，也跃迁成班级的第一名，同时在学科竞赛中获得了优异的成绩。我被遴选成为奖学金的获得者，并且有幸被选为发言代表之一，分享我这一年的学习成长经历。本科期间，在王氏奖学金的激励下，我获得了国家级、省级、市级、校级 40 余项的学科竞赛奖励。我也常常想，我也要像王氏奖学金这样，能够帮助更多优秀的学子。

大学本科毕业之后，王氏奖学金的精神持续地激励我前进。演讲舞台就更大了，我已经在国外（美国、英国、德国、爱尔兰、日本）和国内多次发表演讲，但是还是能够时常想起当年我站在厦门市教育基金会的演讲台上慷慨激昂地演讲。

我远赴英国攻读研究生，并且获得了一等荣誉学位，被保送到 Simula 国际先进研究所（图灵奖获得者 Kristen Nygaard，Ole-Johan Dahl 创立）攻读博士学位。获得多次世界顶级竞赛（KDD、IJCAI、ICME 等）前十名。现在学有所成，回到了我的家乡，成为玄燕鱼乐（厦门）文化传媒有限公司创始人，希望能为家乡的发展做出一定的贡献。怀揣报国梦，心系创业梦。希望自己能够为建设幸福美丽的厦门、实现中华民族伟大复兴的“中国梦”贡献自己的力量。

我的成长离不开党的亲切教导，离不开学校的辛勤教育，离不开社会各界爱心人士的关怀与帮助。感谢我们伟大的中国共产党，感谢厦门市教育基金会，感谢王氏奖学金。

（洪江水，曾就读厦门理工学院，多次获得王氏奖学金。现在玄燕鱼乐文化传媒有限公司工作）

感恩的心，感谢有你

◎赖　丹

生活不易，每个人生命中难免有黑暗的日子，让人失落；而在那些难熬的日子中对我施以援手的人，给我的生活带来了巨大的影响，我永远不会忘怀。厦门市教育基金会和铁晟公司就像一束光，照亮了我的生命，给生活燃起了希望。现在的我越来越独立，并且抱着积极乐观的心态去笑看人生，也希望自己能温暖别人的生命。

从小学四年级起，我就跟着母亲从江西瑞金来到了福建省厦门市读书。小学到高中，厦门给我留下了许多难忘的记忆。我也非常感谢厦门市的教育政策，让像我这样的外来务工子女能够在厦门参加高考。高考时我取得不错的成绩，考上了一本类院校。

高中毕业时，我却为学费发愁。我的父母在我一岁时就离异了，父亲从小到大没有支付过抚养费。妈妈又上当受骗过，身上的钱所剩不多。同时，妈妈身体也不好，还得打工挣钱，这让我觉得很心疼。所以，我通过学校向基金会申请了助学金。基金会的叔叔到我家，亲自核实了我的家庭状况，决定对我施以援手。这个举动非常负责，保证了精准扶贫。那一年，铁晟公司决定资助我和其他几位大学生，助学金每年定期发放，在很大程度上减轻了我母亲的负担，改善了我的生活。我的妈妈不用再为学费发愁。在保证能生存的情况下，也正是这笔助学金，能让我更敢于去买书、报课来提升自己。基金会的精准扶贫，让我的大学生活质量大大提高，也帮助我完成了学业。

转眼大学毕业已经一年多。在这一年多的日子里，我成长很多，毕业后进入了上市教育机构教授国际考试，实现了经济独立并且能给妈妈更好的生活，比如给她发过年红包、买礼物。辛勤努力工作一年多以后，我成长为一名教研员，在自己的岗位上发光发热。而我知道这一切的能量，都来源于我生命中每一个给予过我温暖的人，尤其是厦门市教育基金会和铁晟公司。

曾经年幼的我，对自己和自己的家庭感到自卑，单亲家庭是我年幼时的心结。然而成长的路上，许多善良的人的帮助，让我逐渐学会去热爱生活并且更加自信。如今的我，已经逐渐摆脱了原生家庭带来的阴影，更加努力和快乐地生活着。希望现在的我以及未来的我，也能成为别人生命中的一束光，给别人的生活带去温暖。

（赖丹，曾就读于山西大学，受铁晟助学金资助）

充满温暖的城市

◎ 简青青

20年前，我的父母同万千背井离乡的打工者一般，怀着对美好生活的期待来到厦门。虽是外来务工人员子女，但在厦门市委、市政府以及教育部门的贴心政策支持下，享受着与本地同学们同等的待遇，我们一家在这儿开心地工作、生活，生活是那样美好。

平静的生活在2015年端午节那天被无情打破。那天我正在坐在教室整理着高考后的各种档案资料，微信上收到姐姐发给我的信息："爸爸不小心被烫伤掉了一层皮，现在被送到医院啦。"心咯噔一跳，匆匆收拾了东西就赶往厦门174医院。当赶到医院时，父亲全身缠着纱布住进了ICU病房，医院的诊断结果显示父亲全身72%面积烫伤，需要大面积植皮。那会儿我和姐姐都刚高中毕业马上要进入大学，父亲巨额的医疗费用和我们姊妹的学杂费等都压向了母亲一个人的肩膀，让并不富裕的家庭陷入了巨大的经济压力中。

回想起那时的心情，我还能感觉到自己当时的种种无措，既有对即将到来的大学生活的无措也有对更加久远的未来生活无措。就在那时，一缕温暖的阳光照射进生活中——我的母校厦门二中的老师同学们了解情况后为我组织了各种募捐活动，厦门市教育基金会得知情况后也特意为我安排了一项专项基金，以助我们一家渡过难关。虽然那个暑假跟我一开始构想的高考结束后的愉悦生活大相径庭，但我也在那个暑假成长了许多，更加深刻地感受到了厦门这座城市的温情与温暖。

为了延续和传递这份温暖，在大学课余时间，我也参加了学校组织的各种志愿活动，并积极竞选学校西部爱心联盟的学生干部，作为宣传部部长，我积极组织各类资助活动，号召更多的人加入资助行列一同为西部需要帮助的孩子们送去希望和温暖。我希望能尽自己微小的力量去帮助更多的孩子，把我接收到的爱传递给更多的人。

父亲出院后因劳动能力受到严重影响，便和母亲一起从厦门回到了老家生活。看着父母渐渐老去的容颜，毕业后我毅然选择了回到家乡工作，希望趁着父母年轻多陪陪他们。

习近平总书记说过："志愿服务是社会文明进步的重要标志，是广大志愿者奉献爱心的重要渠道。"回乡后的第一个冬天，我很荣幸地加入家乡的下乡扶贫工作行列，每天跟着下乡扶贫的党员干部们挨家挨户走访、录入资料、分发物资等，在一次次的走访中，我感受到了党对广大劳动人民的关心与关爱，也更加深刻地理解了什么叫党员模范带头作用。正是在党的政策下，我们的社会共同筑造了友爱、和谐的氛围。

虽远在贵州，但蓝蓝的大海，微微的海风，是我一直牵挂着的鹭岛啊，那充满温暖的城市会是我心底最深处的一抹美好记忆。在之后的工作中，我也定不负大家当初对我的帮助和教诲，尽力去帮助更多的人。

（简青青，曾就读于福建师范大学，获得"帮我一把我能飞"爱心助学活动资助）

第五部分

远海航标

◎ 郑　琪

厦门与北京距离两千公里。两千公里或许是很遥远，但有些东西已将两个城市紧密相连。

常说“未名湖是个海洋”，而这方湖畔已成为我距离故乡最近的景致。不曾听过波涛泛起敲击岩石，却见过寒冬降临时冰封的“海”。我一向在温暖的厦门居住，该如何面对藏于冰川下的惊涛骇浪，又如何踏出自己从未停止和试探的步伐?

在我平静的书桌之上，有两股力量在持续托举和指向。其一就漂浮在这燕京大学的旧址之上。第一学年时常常拜访的学一食堂，坐落于军机处的旧址，在其中饱餐时，时常脱不开信仰的联想；在图书馆翻动书页，总会想象自己正与曾担任图书管理员的毛泽东擦肩；坐在偌大的教室里聆听《共产党宣言》及《1844 年经济学哲学手稿》，抑或在未名湖畔，在那斯诺曾经撰写英文报道的石径上，背诵《海上钢琴师》的台词时，一些从未理解的哲思，似乎都有了解释。

时常有人无法理解北大，并认为这里的人们异常孤独。或许他们无法想象，在这里能够勇敢地表达，师生能够畅谈理想。北大人的力量都传承自坚定的信仰，这种信仰继承于新文化运动，同样源于在这里落地生根的共产党人。校园的现址并不是沙滩红楼的真实地点，但校园的精神却一以贯之。从民主科学的《新青年》，到行走各地选调执教的新“新青年”。不得不承认，在此之前我也无法理解为中国崛起而读书的梦想，只因为我还未深入未名的海洋，或是那时还未理解马克思的思想。

站立在这方热土上，我产生了从未有过的感动和荣誉感。我常会想起友人们与外籍人士交谈时的场景，问及信仰，他们总能坚定地说出"中国共产党"。庆祝中华人民共和国成立七十周年插满国旗的北京和欢庆的北大方阵，和2020年战胜疫情的中国人民，让身在北京的人更加热泪盈眶。北大人和共产党人绝不是精致的利己主义者，而是铁肩担起中国之道义，照耀前路的灯塔。

另一大力量，源于家乡的海洋中的航标。经济基础决定上层建筑，基金会的存在则陪伴我直至远航。在近海的波涛当中，我从未有过因金钱产生的后顾之忧。我所熟知的那些受助的本市新闻学子，在一年后在北京相聚，甚至走出了国门。有时甚至感觉，冥冥之中，基金会让漂泊的我们聚首。

在最后一次以本科生身份到访基金会的时候，我作为学生代表在领奖台上发言谈及在公交站与赞助人王女士的偶遇，而此后我却因异地求学而再也没有经过湖滨南路的大厦。那栋平凡的小楼，藏着年少的梦想。不止一次我从近海的厦大行车而来，心中泛起波澜。我有时会想起冀汸的小诗，或许更能形容这样这样一个甘于奉献的组织："再没有比你更孤单的/远离两岸/站在流水中间/前后左右/没有一个伙伴/再没有比你更辛苦的/大风大雨/潮涨潮落/照旧蹲在原处/寸步也不移动/再没有比你更寂寞的/巨轮驶过去小船划过来/谁都看见了你/谁也不跟你招呼/再没有比你更认真的/老用沉默的语言向水手诉说/哪里是浅滩/哪儿有暗礁/黑夜里一闪一闪眨着眼睛/指明安全的航道。"

正如厦门市原副市长潘世建同志在2018年颁奖会上曾分享过厦门的"海堤精神"，基金会就是这样一个存在，持续的护航船只，却又容易在高楼林立当中被忽略。只想说声"感谢"，你的船只，带着信仰，又将远洋。

伴着这起起落落的潮水，眺望远方。航行在未名湖的海洋，辗转汇流入家乡奔腾的海。自由的理想尚在前方，而引航的航标，是党的信仰，也是基金会的力量。

（郑琪，原厦门大学本科生，现就读于北京大学新闻与传播学院研究生，曾获得王氏奖学金）

记忆中的红色木香

◎ 梁黎娟

时光荏苒，岁月如梭，当年那个青涩的高中生转眼已然二十三有余。2020年是与厦门市教育基金会结识的第五年，作为一名既受过基金会资助，又受过基金会奖励的厦门学子，其中的情结是不言而喻的。多么感谢基金会以及那些对教育事业充满热心的企业家和社会人士，是你们的情怀和慷慨，使得许许多多像我一样的厦门学子，在人生懵懂和迷茫的时候，能有一盏灯为我们亮起，顺利完成学业。

我出生于一个普通的家庭，从小就过着到处漂泊、四海为家的生活。父母只是普通的打工人，为了给我和弟弟一个稳定的家以及像其他孩子一样的受教育条件，他们日夜奔波、辛苦操劳，几十年如一日。为了盖老家的房子，以及供我和弟弟二人读书，他们奉献了大半辈子的青春，终究还是负债累累，年过半百却依旧疲于奔命。尽管家庭条件拮据，但是我一直深深记着父亲跟自己说的，“不用担心家里，你能读到哪就读到哪，只要你考得上，我就算砸锅卖铁也供你去上学”。大概是因着这句朴素而心酸的话，我顶着自认为不太聪明的脑袋瓜子努力前进着。

2015年的夏天，我从同安一中毕业，考上了海南大学。高中的最后一个暑假，我和许多同学一样收到了一条对于当时的自己来说非常陌生的通知，到厦门市教育基金会去领助学金。那天下午，我满怀感激地从授予人的手上接下了那个沉甸甸的大红信封，那是我当年拿到过的最多的钱，但那不仅仅只是5000元，更是基金会和捐赠人对我们的支持和殷切希望。那个大红信封透着温暖的木香，使人踏实而平静，虽然至今也没弄明白，那具体是什么香味，但它却像一个印记，深深地刻在了我的脑海中。回家后，爸妈帮我把钱存入了卡里。它，成为一个少女在大学里逐梦的第一笔学费。

2016年，在读大四的表哥获得了2015年度王淑景王文斗奖学金并作为学生代表上台分享了自己的经历与感想。高二的时候凭借着物理竞赛保送北大，大四的时候又拿着全奖进了麻省理工，谦虚上进的他，从小就是我心中的一抹月光，虽然遥远，但却洒满了我人生的逐梦之路。那时的我心里暗暗下定决心，我也要像表哥一样，通过自己的努力和实力站在基金会的领奖台上。于是，我努力学习，努力去参加各种活动，努力去参加各种比赛。终于，那些努力和汗水为自己换来了一张张奖状和一份份奖学金，也兑现了自己对自己许下的承诺。2017年年初，我再次回到了基金会的会议厅。站在台上的那一刻，我心里五味杂陈，还是熟悉的地方，还是熟悉的大红信封，还是记忆里熟悉的木香。

此后，我又一次获得了王淑景王文斗奖学金。虽然同在一份表彰名单里，但是每每翻阅大家的介绍时，我都深谙其中的差距。对于不同的分享者，深深折服于他们的拼搏精神，也明白了最好的回报莫过于在自己所属的领域各自开花。在那里，我遇到了中学时期的许多校友，看到了不同的人生，不同的经历。每一次回到那里，都是对自己的再一次鞭策，但是也深感欣慰，厦门的发展，离不开成千上万这样的优秀年轻人。而我们的绝大多数，终有一天会走向自己的岗位，为这座海滨城市的进步奉献我们的青春。

厦门乃至整个中国日新月异的变化，离不开党和国家的努力与支持。正是党和国家对于教育事业的重视，全民的受教育程度才不断提升，贫困失学的现象也逐年得以改善。以前总以为，凭借一己之力也能够为人民服务，但是2020年全球新冠疫情的暴发才真正让自己感受到了什么叫众人拾柴火焰高。在研一的那一年，我向党组织递交了入党申请，表明了自己志愿加入中国共产党的决心。

（梁黎娟，曾就读于海南大学，获得王氏奖学金。现为浙江大学研究生）

感谢关爱　永存于心

◎ 曾玉梅

时光荏苒，转眼间，我的大学生活将步入尾声。感谢这 4 年以来厦门市教育基金会对我的全力支持与关爱，让我能顺利地完成大学学业，能放心追求自己的梦想。

2017 年我考上了集美大学。当时正面临着家里最困难的时刻，奶奶摔倒瘫痪在床，爸爸只能放弃外出打工的机会回家照顾奶奶。作为单亲家庭的孩子，平时我没有回家，家里就爸爸奶奶两个人，爸爸叮嘱我到大学之后要好好读书，家里的事情不用过多担心，他会照顾好。可是我怎么能放心？照顾奶奶的重担压在爸爸一个人身上，奶奶因为自己连累了家里，一直以来也是不断地自责与愧疚。爸爸一边照顾奶奶，一边干家里的农活来维持生活开销。来到大学的那段时间，我内心无比煎熬和痛苦。

我不是幸运的，但又是万幸的，大学辅导员了解我艰难的家庭情况，将宝贵的陈剑渊王耐助学金名额给予了我，第一次参加颁发会的时候，会上各位爱心人士详细地讲述了厦门市教育基金会的历史，同时也对我们这些贫困子女表示深深的同情与关怀，我的内心是充满感激的。在这艰难的时刻，厦门市教育基金会和各位爱心人士给我带来了希望，给了我继续走下去的勇气，同时，村里也给我爸爸找了一份在村里清扫路沟的工作，政府将我们纳入了精准扶贫的帮扶对象，给予很大力度的帮扶。为此，我下定决心，一定要全力以赴，在大学努力学习，希望以后能够改变家庭的命运，尽己所能，回报社会，回报祖国。

大一期间，我在班级担任学习委员，在此期间还荣获优秀学生干部的荣誉。我加入青年志愿者协会，希望也能像爱心人士资助我一样，用自己的努力为更多的人奉献一份爱心。同时也递交了入党申请书，用自己的行动争取早日入党。在学习上，我也是时刻抓紧时间学习，认真学习专业知识，在大一上下学期都获得一等奖学金，同时也争取到了国家励志奖学金。大二期间，我在全国大学生数学建模的比赛中取得本科二等奖的优异成绩。在第九届“挑战杯”集美大学学生课外学术科技作品竞赛荣获优秀奖。在“龙净杯”第十三届福建省机械创新设计大赛荣获一等奖。同时担任学生会科创学术部副部长，很好地锻炼了策划组织的领导能力。我也通过外接家教挣一些钱以减轻家里的负担。此外，通过努力，我还成为一名预备党员。同时，我合理安排了自己的学习时间，在大二期间获得两次二等奖学金，也获得了三好学生的荣誉。大三期间，我认真学习专业课知识，主动和老师交流想法，不断培养自己的专业技能，寻找感兴趣的研究方向，为以后考研打好坚实的基础，我也成为一名正式党员，感受到自己身上肩负的使命和责任。

生活总是有许多的意外，奶奶于今年2月不幸离世了，家里现在只剩下我和爸爸两个人。回首在大学的日子，我没有蹉跎时光，正是在党和政府的精准帮扶下，还有厦门市教育基金会以及社会各界的爱心人士的支持与关爱下，我不断地成长，这些生活中的点点滴滴都将成为我生命中最宝贵的财富。

（曾玉梅，就读于集美大学，曾获得陈氏助学金）

心存慈善是我们的责任

◎ 陈巧然

我是一名大二学生。在2019年作为贫困大学生获得厦门市教育基金会资助。可以这么说，我能顺利进入大学，得益于企业家的慷慨解囊与热心人士的关爱，得益于厦门市教育基金会的大力帮助。

初进大学校门，我发现自己有很多不足，所以积极参加学校举办的各种活动，踊跃报名了市志愿者。在志愿者活动中，遇到年迈无依靠的孤寡老人，孤独无力的艾滋病人，以及那些脑瘫的智障者，我们会积极和他们谈心，为他们量血压，表演节目给他们看，在这些活动中，我深刻感受到社会上有很多需要大家关心和帮助的弱势群体。自己在接受厦门教育基金会资助的同时，应该尽一份力去帮助那些需要帮助的人，送给他们一丝温暖，传递一份爱心。

我学的专业是小学教育专业。作为一名教育工作者，首先应该秉承中华民族的传统美德，时刻心存慈善。在高校学习期间，我认真努力地学好我的专业课程，遇到不懂的问题，会虚心向老师请教，和同学研究探讨。作为一名班干部，我做好自己的本职工作，不断提升自己的组织管理能力，我相信，只要用心，一切都能学好，一切问题都不是问题。我也相信，通过自己坚持不懈的努力，我会成为一名优秀的人民教师，到那时，我也会用我自己的辛勤努力去养活自己，反哺亲人，回报社会。

要做事，先做人。我是一个热情大方、有责任心的女孩，有时候很单纯。为了丰富自己的人生阅历，我在周末、节假日都会选择做不同的兼职，这期间认识了不同学校的同学，也因此体会到世间百态，同时在这一期间变得成熟。除此之外，我还是学校勤工助学工作中的一员。这不仅仅让我结识了很多朋友，更重要的是培养了我吃苦耐劳、做事持之以恒的态度。大学是一个提升和完善自我的过程，我会好好把握这些来之不易的机会，刻苦努力，练就一身本领，将来用实际行动回报社会，传递爱心，感恩所有帮助过我的人。

古人云："仁以知恩图报为德，滴水之恩定以涌泉相报。"今后我们会像基金会与社会爱心人士关心我们一样，去关心身边需要帮助的人，让他们知道，其实你遇到困难的时候，背后有很多人和你站在一起。

（陈巧然，就读于泉州幼儿师范高等专科学校。获得群鑫助学金）

尽微薄之力　做微薄贡献

◎ 蔡炜桢

中华民族要实现伟大复兴的梦想，需要万众创新，在中国特色社会主义进入新时代的今天，国家大力推动“大众创新，万众创业”的新政策，让全国上下充满着良好的创新氛围，国家不断创新的教育体制使得整个社会都在鼓励青少年投入科技创新事业之中。正如厦门教育基金会和厦门ABB公司每年都设立“厦门ABB奖学金”来鼓励敢闯会创的青少年，为厦门青少年提供了激励奖励青少年科技创新的平台，促进各个中小学的老师和同学们之间的交流。2016年，我有幸与我的项目最佳搭档颜明凭借“带碟刹无线蓝牙遥控电驱动滑板”项目荣获2016年厦门ABB奖学金一等奖。在颁发会上，我作为学生代表发言讲话，分享了自己与颜明在科技创新道路上的心路历程，阐明了厦门教育基金会为厦门青少年提供平台的重要性和必要性。同时我也感到非常意外，因为最开始参与科技创新的时候并没有想到还能获得此类嘉奖，“无心插柳柳成荫”的惊喜让我倍加珍惜这份荣誉。这对我们来说是一种肯定，更是一种鼓励，让我觉得倍感温馨，并且认定这不是终点而是起点。

少年强，则国强！青少年能够从小接触科创，不仅需要国家和社会的引领，还需要学校的大力支持。以“创造教育”作为抓手和办学理念起家的福建省厦门第六中学就是一个非常典型的案例，厦门六中在平凡中“创造”奇迹。多年前，时任校长的吴新岳老师大力推动创造教育，经过艰苦的创新改革，厦门六中的创造教育得到了空前发展。后来，到厦门六中任职的刘卫平校长继续大力发展创造教育，实行“少教多学”的办学特色，鼓励学生大胆去干，放开手去干，提出教育“要坐十年冷板凳”的教学思想，要放眼学生未来发展而不仅只看当下考试成绩。

因热爱科技创新，中考报志愿的时候，我被厦门六中非凡的创新教育所吸引，坚决果断地选择厦门六中。高一一入校，我就提出了想要研发一款既能自动加速又能安全刹车的电动滑板，有幸遇到科创指导老师陈宙锋，他为此花费大量心血和时间对我和颜明的项目进行深入的指导，并在刘校长高度重视支持下，为我俩提供了良好的科创平台和氛围来支持项目研发，我们才有机会利用自己大量的课余时间全身心地投入这一“落地型”项目的研究。刘校长这种以学生为中心的教育理念，才使得六中学子能够在国内国际各大创新竞赛中屡获佳绩，实现了福建省高中集体项目工程类获 ISEF 奖项最好成绩也是当年全国最好成绩，厦门六中实现“零”的突破，进而推动厦门科技教育领域的创新性发展。

青年勇“双创”，社会才生机盎然，青年有担当，国家就朝气蓬勃！在被厦门教育基金会和厦门 ABB 公司授予厦门 ABB 奖学金的我没有停下双创的脚步，反而促进我更上一层楼。通过自主招生进入重庆大学电气工程及其自动化专业弘深电气班后，我仍然坚持创新，在大一时，我组建了“嘉年滑”创新创业团队，在重庆大学校团委创新创业中心的支持下，我进一步地将科创项目转化为创业项目，带队参加“挑战杯”“创青春”“互联网＋”，分别获得了省部级特等奖一项和金奖两项，并在 2018 年 iCAN 国际创新创业大赛中获得全国特等奖和国际二等奖的好成绩；其间坚持把高中时期自主研发的技术完善并申请发明专利，历经两年半的实质审查获得了国家授权，参与的国家级大学生创业实践项目获得国家级优秀结题，我个人也有幸获评重庆市创新先进个人、重庆大学科技学术先进个人标兵、五四青年奖章、唐立新奖学金等多项荣誉表彰。在大学期间的双创工作中，团队多次参与由校团委组织的与党相关的理论学习活动，坚持用党的创新理论武装青年学生，树立正确的政治信仰和坚定的理想信念，正确的理论指导有助于我们这艘在创新创业道路上的小船行稳致远。学校坚持用社会主义核心价值观引领校园文化建设，我深切感受到校园文化为青年学生提供了最直接的成长成才环境，时时刻刻对我们产生着潜移默化的影响，在高校落实“立德树人”的根本任务中发挥着至关重要的作用。

我们赶上了一个最好的时代，党和国家为我们创造了最好的条件！作为青年的我们，要正确认识时代责任和历史使命，努力成为新时代的接班人。在参加推荐免试保送研究生报名的时候，我毅然决然选择跨专业报考芯片设计方向，立即转换方向复习相关专业课，经过激烈的初审、复试，最终很荣幸地被上海交通大学集成电路设计方向预录取，我深知跨专业所面临的挑战，也深知芯片研究是高门槛的领域，但我相信我一定可以尽个人所能做到最好，用自己微薄之力为国家和社会做出哪怕一点点的微薄贡献！

（蔡炜桢，在厦门六中读书期间，曾多次参加科技大赛获奖，受厦门 ABB 奖学金奖励。2017 年被重庆大学自主招生录取）

温暖与爱，伴我前行

◎ 胡添凤

白驹过隙，时间如流水冲刷着我们的过往与记忆，可是那些温暖着我内心的人与事却永远不会被时间抹去，它们宛如一盏盏明灯引领着我前行。

我叫胡添凤，是福建武平县十方镇三坊村人，自幼家庭贫困，父母亲长期以来都在农村以务农和做泥瓦匠来供我上学。我的父母为了让我过上更好的生活，接受更好的教育，经常超负荷地工作，基本上已经到了全年无休的地步。泥瓦匠的工作是非常辛苦的，可以说他们为了我，一直都在用生命换钱。虽然家庭条件差，但父母经常教育我说知识可以改变命运，要我好好学习，长大以后报效国家和党、成就自我。都说穷人的孩子早当家，我在学校省吃俭用，攒下生活费买辅导材料刻苦学习，为了美好的未来努力奋斗。通过不懈努力，我成为全村第一个考上市一中的人，并且幸运地进入市一中的尖子班学习。

然而在高三那年，不幸降临到了我的身上，父亲因长期操劳，积劳成疾，在县医院检查后，发现患有食道癌。原本和父亲一起干农活的母亲不再劳作，也就完全没有了经济收入。不仅如此，她还要四处借钱，并带着父亲四处奔波寻医治病。在父亲患病期间，家境困难的我连寄宿的生活费都成了问题，我的心情也因父亲的疾病而受到很大的影响。然而，我们家庭的困难从不曾被忽略，在村委会和村里党员的帮助下，我成功申请了困难补助，在学校的我也受到了社会爱心人士和同学的帮助，这些温暖一直陪伴着我度过了高三。

2017 年，我有幸考上了西南交通大学，然而在大一期间我深爱的父亲还是没能战胜病魔，最终因病情恶化，治疗无效去世。这如晴天霹雳一般，在失去父亲的同时，原本就困难的家还欠下 40 多万的债。刚要步入大学的我，学费也成为一大难题。正在我一筹莫展的时候，《海峡导报》的记者联系上了我，她告诉我厦门市教育基金会愿意资助我，让我读完大学，这个消息让我和母亲激动落泪。后来入学，我了解到国家助学贷款和国家助学金，再也不用担心因为家庭拮据而无法完成学业。我顺利开启了我的大学生活。

如今大学四年已经快到尾声了，我也通过了中国科学院大学的复试，拿到了国科大公管学院的录取通知，给我的大学生活画上了一个句号。我特别感谢厦门市教育基金会对我的帮助，让我在大学期间不会因为家庭贫困而辍学，不会因为生活拮据而感到自卑，我勇敢地把握住了每一次自我实现的机会。我也特别感谢党和国家，感谢村中党员对我家的关心与支持。在未来的道路上我一定不忘初心、牢记使命，用爱和温暖回报社会。

（胡添凤，就读于西南交通大学，受基金会与《海峡导报》“帮我一把我能飞”爱心助学活动资助）

资助圆梦　努力放飞梦想

◎ 王佳裕

我是现在就读于三明学院的一名大学二年级学生，已经在厦门市教育基金会的帮助之下完成了大一第一年和大二上学期的学业，取得了巨大的进步。大一一年拿到了一等奖学金，并且积极参与课内外各项活动，如运动会、迎新表演、大学生创业项目、教师课题项目等，并取得了一定成效。

本人家境本就不富裕，后因母亲动过几次手术并且要长期吃药更加地雪上加霜。高三时因没有调整好自身的状态，被压力压垮的我患上了轻度焦虑症，原本已错过在学校申请高考助学，但在爱心人士帮助下还是申请上了。回想起第一次到厦门市教育基金会，基金会老师亲切地接待了我，细心地问询我的家庭情况和困难之处。在得知我的需求之后将我的申请表格整理好收下，过了几天就有志愿者上门了解实际情况了。他们的温柔和耐心让我感到十分温暖，我也很幸运受到了銮林包装公司的帮助。助学的善款如及时雨一般，为这个家庭减轻了许多负担。出于对教育基金会的感激，我也成为一名临时的志愿者，负责登记联络困难高考生，帮助他们顺利进入大学。他们的每一句“谢谢”，都让我感到帮助他人的愉悦和满足。虽然现在的我还没能做出什么贡献，但这样力所能及的帮助也算是对社会小小的回馈。

满怀着对祖国的热爱与对党的向往，我很荣幸在大一就成为入党积极分子。2020 年是特殊的一年。虽然我并没能到抗疫前线给予支援发挥力量，但是自觉在家中隔离，时刻心系着前线，关注着消息，并做到不信谣、不传谣也是做出了贡献。许多同学可能多多少少出现了一些焦虑和不安，但是作为大学生先进代表，我为同学们宣传前线的正能量，鼓励他们相信党和国家，也让他们在一定程度上缓解了焦虑。

疫情期间在家停课不停学，我自觉地通过网络课程配合好老师完成教学，并且在线下自行学习。可能有些同学在家会出现不太自觉的情况，这时候我会对其进行劝导和适当的监督；在课前，没有课本不太方便，就帮助大家准备好学习资料；上课时，积极带领同学们讨论相关问题；在课后，尽自己所能为大家答疑解惑……这些正体现了大学生先进模范作用。

大学生活还有两年。接下来的日子里我会更加严格要求自己，加倍努力学习课内外知识，发挥自身先进模范作用。不负于党和国家的培养，早日报效祖国，回馈社会。

（王佳裕，就读于三明学院，获得銮林助学金资助）

风雨未息　征途不止

◎ 方冰彦

走入 2021 年，何其荣幸在中国共产党建党 100 周年的伟大时刻成为一名历史的见证者。作为光荣的预备党员，如此幸运能在最美好的青春年华遇上中国“高速发展”的重要时刻，成为这个时代的“受益者”，在“新时代”的洪流中“中流击水”，书写下新的时代篇章。

厦门，东南沿海重要的中心城市、港口及风景城市。每每说起故乡，一份按捺不住的骄傲与自豪总是涌上心头。

——风雨初起 · 挂云帆

每个人对自己的未来总会充满美好的幻想，我也不例外，然而高考成绩的不如意毫无疑问给了我当头一棒，成绩似乎是“否定”了我 10 多年来基础教育阶段的学习——“进入心仪的初中进行学习，考进目标高中为梦想奋斗”。在最后最重要的一场考试当中，没有以一份满意的成绩为此前一步一步的努力画上圆满的句号，遗憾万分。我一度陷入“自我否认”，怀疑自己的学习能力，出现自卑心态，觉得自己辜负了自己享有的优秀教育资源以及父母亲朋师长的期许，情绪低落。在填报志愿的时候，我出现迷茫、懊悔甚至有过复读的念头。最后在父母和朋友的关心与鼓励，加上老师的指导之下，以现有的分数为基础挑选自己感兴趣的专业与院校，出于自身对教育工作的喜爱，在志愿填报时选择了东北一所师范院校。在前往异地进行学习前，我给自己定下了目标——不可荒废大学学业，严格要求自己，积极参与各项活动，充实丰富自身技能本领，通过在大学中的努力再次为自己证明："我可以！"毕业后回到校园中教书时，能够把自己经历过的、学习过的、思考过的知识经验收获再分享给孩子们，让他们能够在此基础上去追求他们的"梦"，少走自己曾经走过的弯路。

初入学时，会有不少人在听到我介绍家乡是"福建厦门"时，感到惊讶，未曾想一个生长在南方经济发达城市的姑娘，会跨越近3000公里的山海，来到东北这样一所普普通通的学校求学。许多来自内陆省份的同学没接触过来自福建厦门的人，大家对我的印象，可能也是对厦门的初步印象。而那时因为"高考成绩不理想"而自卑的我，也逐渐把"家乡厦门"这四个字藏在心底，但也暗暗较劲，总会有机会为厦门争光。

——风雨初平·复天晴

跌倒又爬起之后，能够更好地认清自己，吸取教训，重新前行。功夫不负有心人，我在高校的学习生活中收获满满，更是重新收获了自信心。借助大学的平台，我开阔视野了解到不同地区的风土人情，结交来自全国各地的学子，在学习之余积极参与学生组织、社会实践工作，在社交、组织工作等多方面的能力得到显著提升，获得校内和就读学校所在省份的奖学金，以及校内的优秀学生、优秀学生干部等荣誉。成为同学们学习的榜样，鼓励着身边的同学们一起前进。我感到动力十足，开始能够大方地在自我介绍时大声说出"我来自福建厦门"，并把自己所得所思所想分享给同学们，收获一片掌声。此时的我因"我是厦门人"而感到骄傲——在厦门接受的教育模式让我在中小学期间不只有学习，还有在各类素质拓展活动中锻炼自己各方面的能力。这些能力的培养基奠在大学相对自主的学习环境中，展现出了优势，让我能够很好地安排学习与社会工作的时间，做到工作得心应手，学习时间与效率同样能够保证。把"爱拼才会赢"的精神传递给更多的同学，以自身努力学习且兼顾各项学生活动工作的干劲为例，鼓舞大家共同进步。

我不会忘记与厦门市教育基金会的初次相遇，在 2019 年 10 月 21 日的《厦门日报》上。我看到了“厦门市教育基金会奖励通告”并详细阅读申报条件，发现自己符合申报要求时激动不已。最终也如愿的，与许多优秀的厦门籍大学生们一起成为了王氏奖学金获得者。

——风雨无常，且歌且行

王氏奖学金的获得是家乡厦门给予我的肯定，各种荣誉的获得更是增强了我的自信心与责任心。在奖励通告中的话语“将来成为社会主义事业的建设者和接班人，报效国家、报效人民，为厦门的繁荣，为福建的经济社会的发展，为祖国的现代化建设与建成和谐社会、法治社会和美丽中国做出应有的贡献”成为我心目中的警句，更是求学路上不竭的动力源泉。

厦门市教育基金会理事长潘世建先生在颁奖会现场所讲述过的厦门建设者们的事迹，以及“锲而不舍，驰而不息”所包含的意义，我听完后内心十分振奋，下定决心，继续努力，更加严格要求自己，学好专业知识，充实技能本领，不负栽培，为将来建设美好厦门贡献出自己的应尽之力！

人生风雨无常，落笔时的我已经是一名大三的学生，获得国家奖学金、吉林省政府奖学金，还连续两年获得王氏奖学金，不再是当年因为高考失利，自卑迷茫的少年，在自身努力与社会给予肯定之后，我逐渐找回自信，肩负时代赋予青年的使命，继续前行。国家的发展也好似人生，所面临的机遇挑战未知，但是只要坚定理想信念，相信党的领导，一定会带领广大人民创造出更加美好幸福光明的未来！

（方冰彦，就读于长春师范大学，获得王氏奖学金）

少年强则国强

◎ 郭芃菲

“故今日之责任，不在他人，而全在我少年。少年智则国智，少年富则国富；少年强则国强，少年独立则国独立；少年自由则国自由；少年进步则国进步；少年胜于欧洲则国胜于欧洲，少年雄于地球，则国雄于地球。”1900年，梁启超先生在封建王朝统治下积贫积弱、千疮百孔的中华大地上发出这样振聋发聩的呐喊。1911年，少年周恩来说出了那句让每个中华子女都为之震撼的“为中华之崛起而读书”。1921年，一个伟大而年轻的政党在一艘南湖的游船上诞生了。因为有了它，才有了后来的中华人民共和国。我常常在想，几位年纪不过三十岁的青年，如何有这等家国情怀与雄图大略，开创了造福万民的革命事业。

回想我在幼年懵懂之时，爷爷常教我背诵古诗。现在想来，爷爷最爱让我读的就是广博豪迈的边塞诗。“秦时明月汉时关，万里长征人未还。但使龙城飞将在，不教胡马度阴山。”还有“白日依山尽，黄河入海流。欲穷千里目，更上一层楼。”从前只感觉读得热血沸腾，现在才意识到这一字一字在我幼小的身体里注入了对中华文化的依恋，对中华民族的自豪。我想，那些支持着革命先辈们奋起反抗的力量，一定有很大一部分来自这些宝贵的文化血脉。

除了传承于中华民族的文化记忆外，历史与现实同样激荡着中国少年的内心。我高中时第一次跟着爷爷回到他的故乡，一个偏远的山区，一处破落的茅草房子。爷爷站在那小坡上，讲战乱的年代里山贼洗劫村子，讲饥荒的年代里他的小弟被活活饿死，讲绝望的年代里他早早离家求学去寻找变局的希望。爷爷本就有老慢支，讲到激动处几次哽咽难以继续，我也跟着心情沉闷。于他来说，现实的残酷逼迫他寻求一技之长改变命运，改善更多人惨淡的生活；于少年的我来说，历史的惊险鞭策我勿忘昔日前人的牺牲与辛苦，莫纵今日自己的敷衍与懒怠。

继续长大，本科期间我感受到了社会各界对青少年寄予的期望与关爱。而我相信这些奖助，正是青年们走上社会前坚定为祖国奉献决心的源泉。

在中山大学求学期间，我多次获得厦门教育基金会的王淑景王文斗奖学金。每一笔奖金，都是当年的爱国人士打拼赚来的血汗钱。每一项嘉奖，都蕴含着期许与信任。期许中国少年再创美好未来，信任中国少年心怀国家天下。我们对奖学金创立者是陌生的，但从接受到他们的无私捐献那一刻开始，我确实感到幸运与感恩，还在大学期间加入了优秀学生培养计划思源计划，信仰“受助，自助，助人”这个信条既是个人成长的历程，也是社会繁荣昌盛的基础。只有一个个中国少年有了成才的梦与路，才能构建起中华民族伟大复兴的梦与路啊。

正是因为有国家的关怀，教育基金会的鼓舞，我才敢追寻异国求学梦想，才能拥有克服困难的勇气，并且最终成为中山大学优秀本科毕业生，被耶鲁大学直博项目录取。在过去的一年里，我牵挂着祖国，参与了思源计划发起的“致敬逆行者”活动，对接了一个曾支援武汉的陕西护士家里的小孩，鼓励她好好学习，倾听她的烦恼。我希望把成长路上收获的帮助与温暖继续传递下去，传递到下一个中国少年的手里。

（郭芃菲，本科就读于中山大学，多次获得王氏奖学金。现被耶鲁大学直博项目录取）

传递爱心的传送带

◎ 张婷婷

生活在新时代的我们，从小沐浴在党的光辉下，接受正规义务教育，接受着这个新时代的馈赠。作为一名厦门学子，即使家境并不富裕，我也并不需要担心无学可上的窘境。从小学到初中，在师资优良的公立学校，接受着优质教育，接触着志同道合的同学朋友们。

在高考后的暑假，接到来自厦门市教育基金会的电话，承担了一份志愿者工作。我的工作内容主要是参与厦门市教育基金会的爱心助学项目。在这一个月的志愿工作中，见到了一些困难学生，有的因为家人或自己身患重病，导致家徒四壁；还有的是单亲家庭，家中收入微薄。处于困境的人们各有各的难处，而相同的是他们依旧积极乐观，依旧对生活充满热情，努力学习，励志读书脱贫。为了凑齐学费，为了补贴生活，他们也曾卖力打工，替父母分担，却依旧杯水车薪。

“帮我一把我能飞”是这个爱心助学项目的一句标语，在这个目标是实现共同富裕的时代，接受教育资助并不是一件难以启齿的事情。在普世价值观中，“不劳而获”的确令人不齿，但这份爱心却是对潜力股的投资，是社会对这些暂时深陷难关学生的信心，相信他们通过高等教育后能够改变命运，从社会受助者成长为社会贡献者。

当爱心助学项目刊登在《海峡导报》的暖城版块中，众多热心人士举以援助之手，有为给子女树立榜样捐出自己部分收入的快递小哥；有退休多年坚持扶持贫困学生的老教师；有同年高考，捐献出自己高考鼓励红包的同龄人；有曾经受助如今提供帮助的有心人。我们共同生活在这样一个温暖的社会，在传递爱心的传送带中坚守着自己的岗位。

我的成长历程中，也不乏受助的经历。被网友们戏称“生于非典，考于新冠”的我们，在高三寒假，由于突如其来的疫情，打乱了复习进度。为了在家隔离，只能放弃返校学习，转而接受网课教学。上网课电子设备、滞留在学校的复习资料、网课期间的考试材料，却成为我复习路上的绊脚石。而让我成功跨越障碍、顺利通过高考复习阶段的，还要感谢老师学校还有社区的帮助。最终我取得了较为理想的成绩，步入大学校园。

在十几年的学习生涯中，我深受党的启迪与教育，对党也有了更深的了解和认识。我一直严格要求自己，在学习和生活中努力刻苦，从不懈怠。我深知，只有学习好专业知识，才能在未来发挥自身专业特长，结合扎实业务实力，提高社会生产效率，更好地在专业领域做出成绩，实现个人价值，努力为社会做贡献。

（张婷婷，就读于中南大学，获得銮林助学金）

播下更多善意的种子

◎肖　聪

初次结识厦门市教育基金会是在2017年高考之后。当时基金会老师来到我家了解一些基本情况。说实话，当时我是有些手足无措。自从上初中之后，就很少和身边同学说及家庭方面的话题，每当聊及这些的时候我总是沉默。我住的这一片的儿时玩伴，有的是放弃读书去当学徒，有的找些零碎的工作早早步入社会，有的转学回了老家。所以我当时的学习和生活是两条完全不相干的轨迹，进入学校我会全身心投入学校的生活和同学们一起吃饭、游戏、学习，放了假回到家里就只剩手机上的联系，当然也鲜有社交。

这次来访的老师们，应该是这个家招待的为数不多的客人，说是招待其实也算不上，屋里很小也没有招待客人的地方，大家都是站着。记得那天好像是下了挺大的雨，更是让人不好受。后来他们和一些同学又来了一次，还给我带了礼物，我到现在还保留着。

其实我自小的认知里就没有主动去帮助他人的想法，父母都是朴实的农民，来到厦门后，为了让我们接受更好的教育，自力更生，每天早出晚归、兢兢业业地工作，我也问过父母为什么不搬到小楼房里去。小时候有段时间，最大的愿望就是能住进楼房里，这样就不会被蟑螂窸窸窣窣的声音吓得睡不着觉。那时候总担心蟑螂趁我睡觉的时候爬到我嘴巴里，所幸也没有发生。但父母总是拿房间太小不方便等各种理由搪塞我。后来才知道理由很简单，就是为了省钱，当然在明白这些以前，总是以为我们并不是穷苦人家，虽没有能力去帮助他人，但也能吃饱饭穿暖衣，年年也有新衣服新鞋子，就像学校里的其他同学一样，除了有些不尽人意的住所。基于此，我有些抗拒接受他人的恩惠。我之前总觉得会有人比我更需要帮助，也会害怕自己之后没有能力去回报这份善意。但其实想想在得到帮助的那一刻，感恩和回报的种子就已经在心底萌芽。

在 2017 年的暑假，厦门教育基金会就给我上了未进大学的第一课，名叫“爱”。在进入大学后，我也陆陆续续参与了社区、养老院、小学等的志愿活动，在学生阶段尽到一些微薄力量，传递关爱，播下更多善意的种子。

（肖聪，曾就读于山东大学，获得杨英助学金，现为天津大学研究生）

秉承为人民服务的宗旨

◎ 陈幸垚

一转眼，大学 4 年已接近尾声，我也即将成为一名光荣的中共正式党员。仔细回想，这一切都恍如昨日……

从小，爷爷就向我讲述了中国共产党的光辉历程。爷爷总说，没有共产党就没有新中国，虽然爷爷出生在新中国成立以后，但是他看着我们的祖国一步一步变得繁荣昌盛。他说，虽然没有经历过更为苦难的日子，但是成为共产党员是他做得最正确的事情。爷爷的所作所为以及言行举止在无形当中对我产生了潜移默化的影响。虽然那时候我对党的认识还很朦胧，就是从小感受到的无产阶级革命先辈的精神带给我的一种信念，但是内心萌生了一种想法：想成为他们那样的人，我想加入中国共产党。

记忆中的小时候，父母的身影是模糊的，他们总在田间忙活，慢慢长大了以后，农作物的收成也不好了，母亲的身体也无法承受高强度的劳作，父亲只能一个人承担起家里的重任。高中读完以后，高考的成绩并不是特别理想。谁曾想，被一所学费较高昂的学校录取了。本想就此放弃，直接出来社会进入工作，以此减轻家里的负担，但是爷爷坚持，不管如何，大学都得去读。就是这个时候，高中的班主任给我打电话说，厦门市教育基金会可以对我进行资助，这对家里而言是一个天大的好消息。基金会的一项重要工作，就是资助和鼓励一些贫困学生继续接受教育，很荣幸，我成为被资助的一员，也正是这样的一个契机，我进入了大学接受教育。

进入大学接受教育以后，我对于党有了更深刻的认识，更坚定了我想要加入中国共产党这个伟大的组织的想法。在大一的时候递交了入党申请书，如今即将成为一名光荣的中共正式党员。我深知能有这样的机会，离不开厦门市教育基金会的帮助，更离不开那些为我们这群学子提供帮助的爱心人士，正因为如此，在大学期间我不仅努力学习，还利用课余时间做兼职，进行志愿者活动，以自己的绵薄之力回报社会。

（陈幸垚，就读于厦门理工学院，获得宝龙助学金、群鑫助学金）

心怀感恩　爱心向党

◎ 高琳珊

人的一生，无论成功或者失败，在成长的这条道路上都会得到许许多多的人的帮助。比如说父母的养育之恩、老师的循循教导、朋友的热情帮助、大自然的恩赐、时代变迁的赋予。我们成长途中走每一步，都会有人在旁边为你指点；我们生活的每一天，都有人默默无闻地在旁边帮助你。正是因为如此，我们才会在打退堂鼓或者经历坎坷的时候，渡过一个个难关，然后一步步走向成功，创造出美好生活，享受着美好生活。

作为新时代下的新青年，一方面应该要做到不忘初心，做一个坚定的理想主义者；另一方面要做到砥砺前行，做一个强大的务实主义者。我们青年人要做到心怀国家、有强烈的国家认同与民族认同。我们要从心底意识到中国和中华民族是每个人成长与发展的母体，没有母亲的庇护，我们任何人的任何成就都将失去意义。不管是我们身处何方，都要心系我们的祖国母亲。

人人都得富有一颗“感恩”之心，就是对世间所有人所有事物给予自己的帮助表示感激，铭记在心；“感恩”之心，就是我们每个人生活中不可或缺的阳光雨露，一刻也不能少。无论你生活在何地何处，或是你有着怎样特别的生活经历，只要你胸中常常怀着一颗感恩的心，随之而来的，就必然会不断地涌动着诸如温暖、自信、坚定、善良等等这些美好的处世品格。

在 2019 年的夏天，我收到了大学录取通知书，成为一名本科生，在这一年也获得了厦门市教育基金会的帮助，我十分感激。因为这两年来的资助，给予我生活很大的帮助，让我能安心地在校园里学习。社会是一个集体，生活像一条河流。学会感激，以感激的心情去把握生活，用感激的心情去回报社会，生活便会涌现更多的善意与爱心，社会便会增添更多的和谐与公正。学会感激，怀揣一颗感恩的心上路，必定会使你人生的旅程一路芬芳，一路精彩。

（高琳珊，就读于安徽工业大学，获得华远助学金、群鑫助学金）

我在教育基金会当志愿者

◎ 何智鑫

我是漳州漳浦人。父母为生计来厦门打工，我和妹妹也随迁到厦门读书。爸爸是清洁车的司机，母亲由于身体不好，所以，只能偶尔接点临时工做，妹妹也在读书。家里每个月的收入大概 4000 多左右，但是除去每天的日常生活消费之外还得交每个月 2000 多的房租。前些年父亲做生意赔了好几万，现在还欠着别人几万块钱，家里的经济条件非常差。2017 年我从厦门第二中学毕业，被福建江夏学院录取，每年的学费高达 6000 多，我有要放弃读书念头。正当一家子不知如何是好的时候，我获得了厦门市基金会的帮助，获得了南普陀慈善助学金，2018—2019 年收到杨英助学金资助。厦门市基金会的助学基金不仅帮助解决了学费的这一大难题，还激发我更加努力勤奋的学习激情。我能读得了大学是受到社会上爱心人士以及基金会的帮助，我不能辜负他们对我的这一份帮助，应该努力学习，以后更好地回报这个社会。

记得高考完的那个暑假，厦门市教育基金会的老师给我打了电话，讲有个关于基金会的志愿者工作要给我做。我在询问家人的意见之后同意了，坐公交来到基金会。老师细心告诉我关于基金会志愿者的有关工作。工作的地点是在厦门的海峡导报社，那里的记者对我们这些志愿者也很好，告诉我们具体如何去制作工作文件表格。当时我们有 3 个人，有个比我大一届的学姐，还有个跟我高一同班的女生。我们具体的工作就是每天先看下《海峡导报》关于大学生学费补助的版块，记录下被资助的大学生信息，然后汇总当天和总的来自厦门爱心人士的捐款。接听电话来询有关具体捐款的事项。有时候会有爱心人士跑来海峡导报社现场捐款，我们要收取现金，写发票，然后去银行存款。作为一个被资助的人，能在海峡导报社当志愿者，我感到非常非常荣幸。在工作的时候我也了解到了一些比我还贫困的大学生，他们上大学需要支付超额的学费，有的学校学费高达一年一万、两万。但是在许多爱心人士的帮助下，他们都能上得起了大学，让我感受到了这世界满满的爱意。有些爱心人士自己家里也不是很富裕，但是也向我们这些大学生尽了些绵薄之力。记得有个中年人说他每年都会来海峡导报社捐款，他的捐款来源都是他自己省吃俭用攒下来的。如果没有这些爱心人士，那些穷人家出生的高中毕业生有可能被迫放弃自己的大学梦。

一个因为家庭原因被迫放弃大学，最终连自己的温饱问题都困难的人如何去实现“中国梦”。从前上政治课我总是在想老师说的“先富带动后富”到底是什么意思，现在上了大学，了解到这个有爱的社会，我觉得社会上的爱心人士，他们把自己部分的财富捐助给大学生，这些大学生以后毕业工作了再回报社会，这也是种“先富带后富”。我的大学梦能受到基金会以及爱心人士的帮助，我感觉自己是非常幸运的。马上我也将迎来毕业的浪潮，我将以饱满的激情踏入社会，在今后的日子里我会更加努力，认真完成自己的工作，回报社会。

（何智鑫，就读于福建江夏学院，获南普陀助学金、杨英助学金）

让每一个人心中都亮起明灯

◎ 黄内腰

我的父母在我初中时都已离开了我，自此便剩下我一个人。所幸的是，我受到了政府和社会爱心组织的帮助，他们给予我支持，使我能够继续读书，我也如愿考上了一所本科院校并且一直努力学习，期望将来能够有能力去回报大家。厦门市教育基金会帮助了许多和我一样的贫困学子，因此我也有感而发，讲述我与基金会的故事。

2017 年高考，我考取泉州师范学院，同时获得了厦门市教育基金会盛洲助学金资助。大学二、三年级又受到群鑫助学金资助，基金会每年都会给予我帮助，支持我的学业。在基金会的帮助下，我得以在大一、大二寒暑假时在翔安区青少年宫做兼职，在青少年宫举办活动或上课时尽力帮忙，这使我寒暑假生活丰富了不少，也赚得了自己在学校的一些生活费，因此我非常感恩厦门教育基金会的帮助。

在基金会的帮助下，我也开始慢慢体会到慈善是什么。在我看来，慈善是一份爱心，是一份力量，更是一种无私奉献的美好品质。在我们全中国有着成千上万的慈善人为公益事业做出了极大的贡献。既有姚明等许多名人，也不乏普通人做的慈善。比如 2013 年“感动中国”的拾荒助学老人刘盛兰，20 多年来，他将自己拾荒所得的 10 多万人民币慷慨捐赠给了众多贫困学子，无私奉献的他帮助了许多人。他平凡而又伟大的行为让我十分感动，也让我明白，在自己力所能及的范围内去帮助他人，将这份无私帮助他人的爱心传递下去，这便也就是慈善，也就是厦门教育基金会无私奉献的慈善。

我的成长道路，离不开党与政府的关怀，也不乏社会爱心人士的帮助。比如逢年过节时政府便会过来慰问我，每年都会给予我助学金来缓解学费与生活费压力等。这也让我相信，只要你需要，党一直都在你身边。在这个国家，相信还有无数像我这样的贫困学子接受着与厦门市教育基金会类似的爱心慈善组织的帮助，我相信他们也和我一样，感恩有你们的出现，感恩你们的帮助，所以我也想在自己的能力范围内做慈善，努力去帮助其他有需要的人，同时我也会努力学习，努力成长为一个对社会有所贡献的人才。

（黄内腰，就读于泉州师范学院，先后受到盛洲助学金、群鑫助学金资助）

越努力越幸运

◎ 赖春琴

“命运给予我们的不是失望之酒，而是机会之杯。因此，让我们毫无畏惧，满心愉悦地把握命运。”

——题记

合上书，感慨席慕蓉的诗总带着一种纯洁无瑕的美丽，让我思绪万千。走到窗前，看着远处的草木，房子和人，闭上眼睛感受扑面而来的风，夹杂着淡淡的桂花味。突然一阵恍惚，我已是学弟学妹眼中的大四老学姐了，时间过得太匆忙，不管我怎么握紧拳头，它总能从指缝中溜走，不着一点痕迹。等我惊觉的时候，早已物是而人非。

直至今日，我还清晰地记得收到录取通知书的那一刻，家人眼中闪着激动的泪光抱在一起的瞬间。那时的我既开心又担忧，高兴的是我终于考上了大学，可昂贵的学费让我望而却步，当我既心酸又迷茫，不知该何去何从时，经过申请，我和像我一样有困难的学生得到了厦门市教育基金会的大力支持和爱心资助。这使我们深切体会到了整个社会对我们的关怀和关心，让我更坚定了在大学努力学习的决心和信心。

转眼间，大学生活时间已悄然接近尾声，犹记得当初踏入医大时对自己的希望和要求：努力成为一个优秀的人。我始终相信一句话，越努力，越幸运。在过去 3 年多的时光里，我一直在朝着这个方向奋斗着。

学习上，我认真踏实，虚心求教，始终以学习为本职。课堂上我认真专注，保持学习的动力与较好的成绩，综测稳定地保持在专业前五，获国家励志奖学金、福医美国校友会奖学金、优秀学生奖学金等。课后积极阅读有关书籍，扩大知识面，同时能在学科上深入钻研，注重将实践与学习相结合，积极投身专业相关的实践活动。工作上，我担任学生会主席、班级团支书、党建负责人，以及党支部副书记，工作期间积极开展丰富多彩的文化活动，勇于创新，不断加强学习，提升自身能力，努力在不同的岗位上尽自己所能为同学们服务，荣获优秀学生干部、优秀共青团干部等荣誉称号。其间我很荣幸地成为一名共产党员，以更严格的标准要求自己，发挥党员模范带头作用。

学习工作之余，我热心公益，积极投身各类志愿服务，把理论知识运用到实践中，志愿服务时长达 135 小时，获优秀志愿者荣誉称号。同时为提高自身社会实践能力，我暑假积极参与社会实践，2019 年暑假带领学院暑期“三下乡”重点团队——“不忘初心，牢记使命，情系井冈山”实践队，赶赴井冈山，沿着革命先辈的红色足迹，开展实地调研，积极将所学知识运用到实践中，实践成果显著，该实践队伍被评为“福建省优秀实践队伍”。

在空余时间，我在学校勤工俭学，帮老师整理材料等，希望通过自己的努力减轻家庭的负担。在寒暑假，我会去 T4 机场的肯德基报道，通过兼职赚取学费和生活费，加上厦门市教育基金会一直以来的暖心资助，慢慢地，我已能自己独立，虽说每个月费用不多但是够用足矣，很幸运生活在如此美好的时代，真心感谢学校、社会、国家的无私栽培，今后我定会好好努力，用我毕生的精力去回报社会！

此时此刻，我心中满怀感恩。在感受到社会温暖关怀的同时，我的心中也多了一份责任，我将努力学习，心怀感恩，帮助需要帮助的人，胸怀理想，用大学时光去改变我们的人生道路。

（赖春琴，就读于福建医科大学，获得南普陀助学金、杨英助学金）

积蓄更多能量帮助他人

◎ 林宝珠

一路走来，甚是艰辛，心中充满了感激之情。由于家里经济难以供我读书，从高中起我便为自己的学费而担心。在为此发愁不知该如何是好时，是厦门市教育基金会向我伸出了援助之手，让我能够有机会继续上学。2017 年夏天，我与基金会的相遇是幸运故事的开始。

犹记得那是一个炎热的夏天，我拿到了厦门市第二外国语学校的录取通知书，兴高采烈地跑回家，拿给父亲看。那时的父亲坐在客厅门口的石坎上，一如每日早出晚归回家休息时那般蜷曲在一边。接过录取通知书时，他走了下神，眨眨眼又将目光投向手中那张纸，他渐渐咧开嘴，露出有些发黄的牙齿，几颗补的银色牙齿格外显眼，眼角黑又深的皱纹透露出内心的惊讶与喜悦。他大概也没想到自己的女儿可以考上一级达标校，那一刻，我的内心有些许的小骄傲，然而看着父亲脸上的笑，想到学费，心中的担心、心疼、害怕交织在一起。

那时我们租的房子每个月要交租金。开学前一阵子，父亲总是看着录取通知书上面写的学费，掏出柜子里不多的现金，低着头，弓着腰，两只手握着，往右手的手指上蘸点口水一张一张地数着，慢慢算着还有多少钱，还差多少钱。每每看到他打开抽屉，我都很难过。报到那天，我自责地接过父亲手里的钱，交完这笔学费，家里的经济压力变得更大。一旁的奶奶看我要哭，急忙安慰："多大点事，有什么好哭的。"以后每学期开学的时候我都很害怕面临交钱的压力。

后来听说可以申请贫困生补助，我内心无比激动。尽管自尊心让我羞怯，害怕同学们异样的目光，可是我很清楚家里的情况，必须申请补助金。在厦门市教育基金会的帮助下，家里供我读书的压力小了许多，身边的的同学也没有因为我接受资助上学而看不起我。在接下来的几年里，我一直受到基金会的帮助，不再为缺钱无法上学而苦恼。每次开会听受助代表讲话时，我在底下，心中备受触动。在这里，我遇到了一群与我有同样困境的人，都受到了基金会的无私帮助，为我们生活雪中送炭，带来了希望。

现在我步入了大学，学费和生活费用更像是一座大山压在父亲的肩膀上。全家人不吃不喝也要父亲 3 个月的工资才能付得起大学一年的学费。此刻依然是基金会在我身后，给予我帮助，让我可以不用愁没钱交学费，安心学习了。

在大学，我立志向党组织靠拢，现在大二的我已是入党积极分子。我将继续努力，提升自己，争取早日加入党组织。大一时我加入了学校的志愿者服务部，在课余时间我和其他小伙伴会前往特教小学照顾残疾的孩子，和他们玩耍；会去敬老院陪老人下棋打牌聊天，倾听他们的故事等。尽管我的力量有限，我也希望可以像基金会带给我温暖一样，用我自己的力量去温暖身边的人。我想说，不论最后我是否成为党员，我都希望自己有党员一样的精神去服务他人，即将步入社会的我也将尽自己更大的努力去为社会做贡献。

（林宝珠，就读于武夷学院，获得华远助学金、群鑫助学金）

前行路上　心怀感恩

◎ 袁洪幸子

2015 年 10 月 16 日，习近平主席在减贫与发展高层论坛上发表主旨演讲时指出，我们坚持分类施策，因人因地施策，因贫困原因施策，因贫困类型施策，通过扶持生产和就业发展一批，通过易地搬迁安置一批，通过生态保护脱贫一批，通过教育扶贫脱贫一批，通过低保政策兜底一批。通过教育扶贫，越来越多的贫困学子顺利完成学业，逐渐摆脱贫困，实现人生理想。很幸运地，我不仅受惠于党和政府立体完善的资助政策，还得到厦门市教育基金会的爱心帮助。回顾自己的成长历程，我要由衷地道一声感谢！

清楚地记得，2017 年收到厦门大学录取通知书时，母亲为我自豪但又难掩焦虑的神情，直到我在文件袋里看到国家助学贷款的宣传册，大声朗读起来：凡参加全国普通高等院校招生统一考试，并被录取的家庭经济困难的学生，均可在户籍所在地申请办理生源地信用助学贷款；每生每学年不超过 8000 元，主要用于学生在校期间的学费和住宿费。我和母亲激动不已，立即赶到区教育局向负责人询问申请的条件和流程，负责人耐心地一一做出解答，并在当天帮我们办理好申请。他感叹地说道："孩子考上这么好的大学，可要好好培养，赶上国家好政策啦！"

学费问题解决了，母亲的心情轻松了许多，我也带着对大学生活的憧憬来到了厦大校园。课堂学习之余，我积极参加实践志愿活动，开展学生工作，锻炼了各项能力并且结交了许多朋友，这一切都使我成为一个自立自强、视野开阔、全面发展的当代青年。

学院得知我的家庭情况后，又结合了我的日常学习生活表现，推荐我成为基金会陈剑渊王耐助学金受助人。很幸运地，我获得了这笔助学金。如果说生源地助学贷款让我感受到国家的温暖和祖国对教育公平的重视，那么基金会的帮助则让我感受到来自社会的善意。我完完全全不认识助学金捐赠者锺陈淑琴老奶奶。她远在新加坡，年事甚高，好几年未曾回来。但我相信，她的爱心让我在任何时候都相信善良和美好。在将来学有所成之时，回馈母校、社会和我的祖国母亲。教育的根本任务是立德树人。我不仅仅是在接受经济上的资助，更是在接受道德品质层面上的培养。

习近平总书记指出，教育是阻断贫困代际传递的重要途径。打赢脱贫攻坚战不能只注重眼前的结果，还要以长远的眼光看问题。教育是功在当代、利在千秋的大事。在祖国、社会的爱心沐浴下，在学校老师的关怀指导下，我不断精进学业，以期凭借专业知识谋得好发展，带领全家走出贫困。在专业课的学习中，课前认真预习老师即将讲的内容，勾画出自己不理解的地方；课堂中，我紧随老师的节奏，把老师说的每一句话都记下来，不仅是答案，更重要的是思考的过程、老师总结的方法、老师讲课内在的逻辑点、老师拓展的文化知识，我甚至会记得老师用来活跃课堂气氛而开的玩笑。同时，我总是在不断尝试做一名积极的课堂参与者，尽管我个性内向，但我总是在突破自己，比如，积极询问老师问题，主动和外教沟通，不断寻找开口说西班牙语的机会。三年的孜孜不倦，让我获得了推免的资格，并成功保研至心仪的学校和专业。

（袁洪幸子，就读于厦门大学，获得陈氏助学金）

思源水　涌泉恩

◎ 杨洪美

我出生于山城的一个偏僻乡村。小镇上只有一条街，稀稀落落散布着一些店铺。镇上的人都彼此熟稔。菜市场里最不缺的便是当季的果蔬，新鲜得尚且带着泥土的厚重，那是村民们刚从田地里采摘、挖掘，装在担子里，走过几里山路挑来的。小城也是近几年来才有了第一家电影院，坐落在长江边上，江水扑上来，而头顶上是漫天的星星。

还记得在离家时，从车子后窗看渐行渐远的父母的身影时，低声对自己说的话。车轮卷起路上的沙尘，看见母亲抬手拭了拭眼角的泪水。我暗暗对自己说："一定要凭借自己的力量完成学业，再也不能为父母增添负担了。"

进入大学的第一个周末，我没有待在学校，而是去做了人生中的第一份兼职。我去了附近的高校向他们的新生售卖电话卡，结结巴巴地向他们解释电信、联通、移动电话卡的区别和优惠规则。炙热的阳光明晃晃地铺在身上，我绽出笑容迎上去，递宣传单过去，行李箱的轮子随着他们躲避的脚步哗啦哗啦远去。没有一个人相信，我和他们一样，同样是一个大一新生。一整天下来，卖出去了 3 张电话卡，赚了 150 元，人生的"第一桶金"。

接下来的生活，就像一把胡琴，绷紧了弦，咿咿呀呀地在清冷的月光下兀自弹唱。繁华是别人的，属于我的是繁忙。

我没向父母要钱，谎称学校里有奖学金——实际上奖学金都是学年的后一学期才发。工作日，在学校设置的勤工助学岗位工作。周末，便到处找兼职来做。我当过推销员，在大卖场里围着大叔大妈们转，引他们来我工作的摊子前；也去做过家教，教一个高中的小女生数学，每周末搭早班公交前往，往返两三个小时；还干过好多苦力活，比如为服装厂洗衣服，从半人高的大水桶里捞出又脏又臭的衣服洗；最辛苦的是送外卖，每天拼命地蹬自行车送餐，当时最喜欢的是下雨天，因为有补贴……

投入太多时间到工作中，相对地放在其他事情上的精力就非常有限了。高中和大学是两种不同的教学方式，我一时实在适应不过来，再加上各种事情的干扰，于是在学习上开始略显吃力。在因工作多次缺席跟舍友们的活动后，和她们也渐行渐远，于是，我慢慢地成为一个独行侠。

琴弦越缠越紧，声音尖锐而刺耳，月色掩于云后，天穹暗暗地沉下来。就在那根弦即将崩断之际，忽然，云开了，日升了——厦门教育基金会决定给我提供助学金，我获得了洪恭仕洪文发助学金对我大学 4 年的资助。

我从混沌中被唤醒，退回到最初的起点，寻找当初的自己。成长需要时间，但当初的羽翼未丰便急急地想挣出巢穴，以至于软弱无力的翅膀承受不住自身的重量，未曾飞翔便坠落，直直地坠下去。想起离家那天，往后倒退的房屋，呢喃的话语，和父亲转身跨上摩托车的身影。

厦门教育基金会始终默默地支持我，鼓励我。我拨开荆棘，穿过密林，回到了正确的道路上，那里蜂蝶飞舞，花香弥漫，身旁也出现了同行人。不再是奔波中的疲惫劳累，我找回了遗失在路上的包裹，重整了行囊，重新出发。

找到了自我，人生的目标逐渐明朗，学习上也渐渐有了起色。如同在大海之上，乘风破浪。而这一切，如果没有厦门教育基金会，我一定不是现在的我。

初上大学，正处于人生的迷茫时期，在生活失衡之际，是厦门教育基金会的资助，帮助我度过那段迷惘的日子。也是她，让我认清自己，认清现实，重拾梦想。她给予我的，不仅是物质上的，更是精神上的帮助。我知道，我不是一个人，有那么多的人正与我同行，伴我成长。“一朝饮思源水，一生怀涌泉恩。”诚挚谢意，无以言表，我将用行动来报答。

（杨洪美，就读于厦门大学，获得洪氏助学金）

学会感恩和奉献

◎ 李少博

30多年来，基金会资助数以万计的贫困学生，获得社会的广泛认可和赞赏。2014年，我十分有幸获得厦门市教育基金会的资助，作为一名来自贫困农村地区并一步步成长起来的大学生，我由衷感谢厦门市教育基金会。时光匆匆过去，但我至今犹记得2014年颁奖时的场景，锺陈淑琴老奶奶和基金会老师对我们资助学子的鼓励和关怀，让那时的我深受感动和鼓舞。

当时84岁的锺陈淑琴老奶奶，从新加坡赶来，除了给我们每位受助学生颁发助学金，还送上一块沉甸甸的手表。她希望我们受助学生能够珍惜当下，珍惜时间，努力学习。老奶奶讲述了他们那个动荡的时代学习是一件多么难得的机会，那一刻让我深深体会到个人命运和国家命运的紧密关联。如今老奶奶已经90岁高龄，2014年她亲自来到厦门为受助学生颁奖，随着时间流逝，我对老奶奶的这份情怀体会得也更加深刻。我知道还有很多很多像老奶奶一样的爱心人士，给予我们受助学生真诚的帮助，希望我们早日成才，回馈社会。

在我生下来一个月的时候，就被发现患有严重的脊柱侧弯。出生的缺陷注定我不能像正常的孩子一样享受童年的无忧无虑，让我从小尝尽生活的艰辛。我一度迷茫于对自己未来的恐惧中，渐渐地，随着自己的成长，学会接受生活中的不如意，学会改变自己。我在2013年以优异的成绩考上厦门大学，然而高考前，家庭发生变故，加之那些年为了给我治病，家里早已负债累累，生活的不易让我进入大学后对自己的未来产生了困惑和迷茫，那个自卑、无助的自己再次占据了内心。后来学院发布了厦门市教育基金会的一个助学金项目，抱着试试看的态度我申请了助学金。出人意料的是我获得了为数不多的一个名额，这极大地减轻了家庭经济负担，让我得以专心学业，一步一步完成自己的梦想。2018 年，我被保送至上海交通大学医学院。研究生 3 年时间，锺陈淑琴老奶奶对我们受助学生要珍惜时间的深切期望始终鼓励着我，功夫不负有心人，我确实实现了自己的价值，在科研上有所成就。今天回首这段心路，厦门市教育基金会和社会爱心人士无私的善举，让我相信我们的身边从来不缺少美，只要自立自强，总会有人在自己无助的时候给予莫大的帮助。

（李少博，厦门大学医学院临床医学专业 2013 级本科生，获得陈氏助学金。2018 年被保送至上海交通大学医学院，在上海市第六人民医院主修内分泌专业）

传递心中的爱

◎ 王衍明

我来自一个美丽的城市——福建省武夷山市，我的家乡是一个民风淳朴的小乡村。但我的家庭并不富裕，相反还非常穷困潦倒。2008年，肺癌夺走了父亲的生命，我失去了一位最爱的和最爱我的人，家庭也失去了一个重要的精神支柱和经济支柱，这使原本就贫困的家庭雪上加霜。

这种境况一直延续到了我考上集美大学。大学的学费和生活费是一大笔支出，极大增加了家庭的负担。当时家里的唯一一个经济支柱是母亲，她用每月2000元左右的工资支撑着整个家。虽然我申请了助学贷款解决了学费的问题，但生活费也足以令家庭入不敷出。就在我处于"水深火热"之时，2016年厦门市教育基金会伸出了援手，给予洪恭仕洪文发助学金，解了燃眉之急，让我能安心地度过大学生活。

在大学期间，我积极利用课余时间参加了班级建设、社团活动、学院工作和勤工俭学，曾担任组织委员、院学生会团委学生书记、2019届兼职辅导员、校资助中心学生助理等，在实践中学习书本上不曾有的知识，工作能力得到同学和老师的一致肯定，多次获得三好学生、优秀学生干部、优秀毕业生等荣誉称号。在学习方面，综合成绩名列年段前茅，多次获得集美大学二等奖学金、国家励志奖学金，最后更是凭借自己的努力，考取了福州大学技术经济及管理的研究生。我还是一名在校的学生，暂时没有更好的办法来回报社会对我的帮助，唯有不断努力，不断提升自己的能力，将来才能帮助更多的人，将这份爱传递下去。

目前，我是一名研究生二年级在读学生。在精研学术之余，我也积极参加勤工俭学和年段工作，现担任年段党建段长、2019 级本科生兼职辅导员、院研究生会副主席，希望借这些平台帮助更多的人。今后，我也依然会奋发进取，会像基金会那样去关心身边需要帮助的人，用自己的能力和热情回馈社会。

助学金表面上看是物质层面的帮助，其实不然，它和党员身份一样，也给予了我信心和希望。我将继续在党的指引下，带着基金会的热忱帮助，永持一颗感激的心，将心中的爱传递给需要的人，感染更多的人参与进来。黑夜因为群星而璀璨，平凡的我将因感激而不凡。

（王衍明，集美大学工程学院 2016 级本科生，福州大学技术经济及管理研究生，获得洪氏助学金）

保持感激　继续前行

◎ 崔瑞霞

时光飞逝，我现在已经是一名研究生了，回想起大学 4 年，犹记得当初踏进集美大学校园大门时的心情——“兴奋而忧虑”。兴奋的是因为我即将拥有美好的大学生活，大学就意味着与社会更近了一步，意味着很多事情都要靠自己。相信可以在这所大学里学习到很多以前没有接触过的事物，并且能让自己变得更好。我怀揣着这样美好的愿望，渴望着、向往着大学生活。然而兴奋过后便是忧虑，集美大学的学费和住宿费已经比一些大学少很多了，但是就当时我家的经济情况来看，还是有些困难。幸好还有大学生贷款政策，在申请生源地贷款后，学费和住宿费有了保障，但其他费用方面仍是一大问题。

大学时期，在投入学习的同时，我也在积极地找兼职，希望能缓解家中的压力。这样真的会很累，可能要在上课完以后急忙赶去兼职，或者是兼职完立刻去上课，这些情况总会发生。当时真的想过放弃，但是知道我不能。在这种纠结迷茫的情况下，我知道了厦门市教育基金会，知道了陈氏、洪氏助学金。当时内心真的十分激动，怀揣着无以言表的心情去申请了这个助学金，渴望能够申请成功。终于等到了结果，得到了厦门市教育基金洪恭仕洪文发助学金 4 年的资助。

当知道得到了洪氏助学金资助名额后，我便下定决心，要更加努力学习，并且在学习的同时更加积极参加公益活动，主动帮助别人，争取在以后也能帮助和我一样有相似经历的人。后来，我逐渐对这个机构有了更加深刻的认识。厦门市教育基金会不仅仅是陈氏、洪氏助学金；资助对象也不一定是大学生。资助面覆盖厦门市大中小学，幼儿园，校外教育阵地，还根据捐赠人意愿，扩展到本省其他县市与四川灾区等地。对厦门市教育基金会了解得越多，内心就越激动，决心就更加坚定，并在之后的学习生活中付出行动。

在学习上，我尽我最大的努力，并且更加积极参加学校组织的活动。在报考全国英语四、六级的时候，我积极设下目标，每天都在为四、六级考试做着准备，通过了全国英语四、六级考试。在学习计算机二级的时候，我真的不太能看懂编程程序，内心极度忧虑。但是我想到了基金会对我的关爱和帮助，觉得不能放弃，别人能学会的我也可以。终于在不懈的学习和虚心的请教下，我通过了计算机二级考试。在举行的全国大学生英语竞赛中，尽管十分紧张，但我还是鼓足勇气去参加了比赛，并成功地进入了复赛。在考研时期，我每天都给自己定下目标，并去努力完成。学习累的时候，有想放弃的想法的时候，我总是会及时消除这些想法。因为我时刻记得那份感动，那份感激，它们激励着我不断奋斗。最终，“有志者事竟成”，我成功地成为一名研究生，也将保持着这份感激继续前行。

在生活上，我更加积极参加志愿者活动。在大学时期我加入了院学生会勤工助学部，还记得当时加入这个群体，不仅仅是因为这个部门有兼职信息发送，可以近距离接触到商家，锻炼自己，更大的原因是可以为同学提供帮助。我和其他人员一起去拉业务，发布兼职信息，为了保证同学们的安全，我们尽力去核实商家信息、去审查兼职信息……看到他们因为我们发布的兼职信息而获得了人生中的第一桶金甚至更多，我们真的很开心。尽管会累，会遭遇挫折，但看到我们的付出得到了回报，便都是值得的。我还参加了学校组织的三兴兴趣班志愿者活动，和社区的小学生们一起做些有意义的事情；在厦门城市乐跑赛中担任志愿者，看着参赛者们全家出动一起跑步，真的感到特别幸福；还参加了在嘉庚体育馆举行的2018金日制药（中国）全球峰会。

厦门市教育基金会也将继续影响我今后的学习和生活，让我变得更好。我将怀揣着对厦门市教育基金会的崇敬与感激，继续前行。

（崔瑞霞，就读于集美大学，获得洪氏助学金）

以绵薄之力传递爱心

◎ 游若琳

教育公平是实现社会公平的前提，党对家庭经济困难学生就学问题的重视与强有力的政策制度保障，为贫困学生的未来发展赢得了更多的机会与可能性。在党中央的领导下，越来越多的爱心助学行动坚定有力地不断开展……就在2017年的夏日，我与厦门市教育基金会的故事，就在这样有爱有力的背景下展开了。

2017年的夏日，于我而言，一定是最特别的。那年夏天的回忆有蝉鸣，有温度，有读书声不绝于耳，有笔下写不完的卷子，有高考，有如同夏日般炙热滚烫的爱与温暖。2017年高考的第一天晚上我因阑尾疼痛而被班主任、年段长送到了医院就诊，所幸第二天还能继续参加高考，最终以520分的成绩被集美大学师范学院录取。那年暑假,《海峡导报》的记者来到了我家进行采访。也因着这样的一个机会，厦门市教育基金会知晓了我家的情况，有很多社会爱心人士通过厦门市教育基金会提供了一笔笔助学资助，也是这一笔笔珍贵的助学金，铺平了我的大学之路，为我的家庭减轻了许多负担。

时光飞逝，我已经是一名准毕业生。作为一名受资助的学生，在大学4年里我参加了许多志愿活动，曾被评为2018年集美大学优秀青年志愿者和浔江社区优秀志愿者。因我记得自己被众多社会爱心人士、厦门市教育基金会、学校关怀与帮助，仁以知恩图报为德，所以谨记自己的初心，在课余时间参加志愿活动，用自己的微薄力量帮助别人，传递爱心。

而作为一名大学生，青年要把自己的前途规划和国家命运联系起来，把个人的发展和国家的前途命运相结合，同时也要牢记习总书记说的一句话：不忘初心，继续前进。知道自己为什么而出发，走得再远都不要忘记当时的初心，走得再远都不要忘记回望来时的道路。

（游若琳，就学于集美大学，获得“帮我一把我能飞”爱心助学活动资助）

桌上摆放着那个手表

◎ 钟亦强

时间如同白驹过隙，转眼间我已经是研究生三年级，再过几个月我将离开这个学校。一路走来，我很幸运成为陈剑渊王耐助学金的资助对象，想写点东西，以此来表达一直以来对厦门市教育基金会的感激之情。

我的家庭经济较为困难，父母亲的文化水平都仅小学，且日渐年迈，当时他们作为保洁人员的微薄薪资要供我和姐姐上大学有些困难。2014 年我就读于集美大学不久，便申请了“陈剑渊王耐助学金”，并且很幸运地成为这项助学金的资助对象之一，这很大程度上减轻了家庭的经济负担。

陈剑渊王耐助学金每年给予厦门市若干个贫困的大学生每人每年 5000 元的资助。让我印象深刻的是，2015 年我第一次去厦门市教育基金会参加教育基金会议，第一次见到锺陈淑琴女士，她给我的印象就是一个朴实而慈祥的老奶奶。我还记得她当时的发言，用朴实的话语勉励我们这些受资助学生：“我年轻时是没有书读的，希望你们珍惜时光，你们读书、成功，我就很高兴。”她亲手把助学资金颁发到我们的手里，还送给我们每个人一个很有意义的礼品：一块手表。每一届受陈剑渊王耐助学基金资助的大学生都能有幸地收到这样一块手表作为礼物。我觉得我们很幸运，能得到锺陈淑琴女士以及厦门市教育基金会的帮助，锺陈淑琴女士送给我的那块手表陪伴了我大学 4 年。这个手表似乎提醒着我，不要荒废时光，一定要充分利用大学里最珍贵的青春岁月来好好地学习专业知识，自立自强，不辜负捐资人期望，将来要成为一个对社会有贡献的人。

大学4年里，我积极进取，作为数学系的一名学生，积极参加数学竞赛与数学建模竞赛2016年10月获全国大学生数学建模竞赛本科组二等奖，2017年2月获美国大学生数学建模竞赛 Meritorious Winner，2017年10月获全国大学生数学竞赛福建赛区一等奖。平时的学习中，我勤奋努力，注重扎实专业基础。在学习之余，我积极参与公益活动，曾作为志愿者参与2015年厦门建发国际马拉松志愿者；适当参与院校社团工作，曾担任理学院自律会督导部副部长，校数学建模协会副会长。在大三上学期，我决定考研，于是开始静下心来备考，备考的日子里有烦闷，也有趣味，因为我喜欢数学，喜欢这个专业。我在写着一道道数学题目的时候，偶尔会很苦恼，绞尽脑汁也不得其解，除了吃饭和睡觉的时间以外全都待在自习室里，有点想放弃，但是看到桌上摆放着的那个手表，就又会想起锺陈淑琴女士的勉励以及厦门市教育基金会的帮助，心里想着一定要坚持下去。值得庆幸的是，最后我成功被中国科学院大学数学与系统科学研究院录取。后来我去我最向往的北京，开始我的研究生阶段，更加专注地走在这条追求科学梦想的道路上。

现在，身为研究生三年级学生，即将步入社会工作，我要做的事情还有很多，要学习的东西还有很多，我会以积极的心态去面对生活。我会好好把握，经营好自己生活，争取能不负所望，为社会尽一分力量，同时感恩所有帮助过我的人。

厦门市教育基金会给予我的帮助不仅仅是物质上的，更是精神上的帮助。无论何时，我都不该妄自菲薄，而应该以积极向上的心态去面对生活。同时，要怀有一颗感恩的心，在心里默默地记住那些曾经帮助过我的人，立志将来成为对社会有贡献的人。更应该尽己所能地在物质和精神上将这种爱心传递下去，让更多的人感受到这个世界的温暖。

（钟亦强，就读于集美大学，获得陈氏助学金）

一股奋发的动力

◎ 江琳欣

《史记·魏公子列传》云："胜所以自附为婚姻者，以公子之高义，为能急人之困。"信陵君急人之困，出兵解了赵国之围。

厦门市教育基金会在我眼中就是这样的急人之困者，在我最困难、最需要帮助之际，向我伸出援助之手，给予了我最及时、最有力的帮助。

自 1988 年至今，33 年间，厦门市教育基金会成为慈善者与受助学子之间一架满载爱和希望的桥梁，在社会上产生了良好的影响，也让教育慈善的暖流在 33 年间流淌于各界教育人士和受助人的心中，成为一股奋发的动力。作为万千学子中的一员，我十分幸运地自 2018 年起，以一名大一学生的身份成为厦门市教育基金会的受助学子之一，能够感受基金会为贫困学子带来的温暖和力量。

毫无疑问，大学，是人生中一个至关重要的阶段。进入大学意味着已经摆脱了高考的压力，没有了应试的重担压在肩上意味着有更多的时间去思考未来，去追求自己的梦想。大学摆在面前的不再只有课本上的理论知识，更多的是课本之外的实践和探索，这就像一方广阔的天空，无时无刻不吸引着我。大学有许多的第一次，第一次独立应对生活的琐碎事务，第一次参加社团、参与社会活动。同时，大学也有许多的最后一次，最后一次系统的学习理论知识，甚至可能是最后一次用课本来自我充实。由此看来，大学的每一分每一秒都是弥足珍贵，不允许我有丝毫浪费的。我必须十分珍惜在大学学习的机会。

理想在前方呼唤，但现实却毫不留情地阻断了奔向理想的步伐——高昂的学费成了摆在面前的一个巨大的阻碍，令我不可避免地陷入了困境。正在这时，厦门市教育基金会向我伸出了援助之手——2018 年，我得到了来自陈剑渊王耐助学金的资助，这对我来说，无异于雪中送炭，解了燃眉之急，第一时间将我拉出了被学费所困的境地。这让我感受到了厦门市教育基金会极大的温暖，这不只是在物质上解决了困难，更是在精神层面上的一种巨大鼓舞和帮助，让我顿时脱离迷茫的状态，豁然开朗。

这件事情让我第一次清楚地认识到上大学的不易，因此我更要抓紧时间勤奋努力，在学习上不敢抱有一丝懈怠之心，争取在大学期间能够扎实地掌握理论知识，为今后工作打下坚实基础，回报那些在大学期间接受过的帮助，将这份温暖和爱传承下去，让它在社会上发挥更大的价值。

（江琳欣，就读于集美大学，获得陈氏助学金）

力所能及行善事

◎ 张秋杰

2020年12月，我有幸成为中国共产党中的一员，这使我感到无比的骄傲与自豪。即将迎来中国共产党成立一百周年之际，我能够以一个新的身份去迎接它的到来。2021年7月份，凤凰花开满枝头的季节里，我也将迎来自己的毕业季。4年的大学生活就这样要结束了，过程中的感动与欣喜会成为我一生难以忘记的宝贵回忆。

2018年，我获得厦门市教育基金会洪恭仕洪文发助学金4年的资助。依稀记得第一次与厦门市教育基金会相见的那天，我怀着激动的心情前往。在基金大厦里，所有的工作人员都挤在不大的工作室忙碌。当时我在疑惑那基金大厦的其他楼层是用来做什么的，会议的主持者向我们解释，将更多的地方出租，所得资金再次投入到资助项目中，争取帮助更多的贫困学子。在那次大会上我看到了很多和蔼可亲的面庞，他们是基金会长期的工作人员，也有来自社会各界的爱心人士。他们衣着朴素低调，和我们没有丝毫的距离感。他们分享他们的故事，认真倾听我们的经历，教育我们要懂得进取和感恩，摆脱贫困的束缚，未来回报社会。语重心长的话语让我们心潮澎湃，对未来多了一份感激，同时也多了一份责任。

在这4年的大学生活里，我深知自己是被关爱包围着的幸运儿，而自己也应当去做一些力所能及的事情来回馈给社会。在此期间，我积极参加各种社会志愿服务活动，也深刻体验到了奉献的快乐。在一次志愿服务过程中，我遇到一位年近80岁的老奶奶，由于身体上的问题，倔强的她一生未嫁，独自生活。虽行动不便，但她生活得整洁有序；虽疾病缠身，但乐观积极。我烦闷的时候喜欢跑到她的家里，和她泡泡茶、聊聊天。她知识水平有限，却总能告诉我很多人生哲理。她告诫我在人生道路要乐观自信，为我指点迷境，也会在许久不见时打电话询问情况。我很感谢这次相遇，也许这就是爱心的魔力，逐渐拉近两个陌生人的距离，给予对方家人般的温暖关怀。

我不知未来的自己会处于什么样的境地，功成名就还是名落孙山，但我都会保持自己那颗不懈奋斗的心，不断增强自身的实力。未来我也会常怀一颗感恩的心，会力所能及地行善事，让那些默默关注我的爱心人士欣慰。

（张秋杰，就读于集美大学，获得洪氏助学金）

永铭资助情　常怀奉献心

◎李　颖

转眼之间，这已是我在芙蓉湖畔生活学习的第四年了。回顾过去的几年，自己十分有幸能够得到很多人的帮助，让我能够有机会在厦大校园里度过自己最重要的大学时光。其中，给了我最大帮助的就是厦门市教育基金会，是基金会资助了我4年的生活费，让我可以免于为生计而苦恼，帮助我减轻了家庭的经济负担。同时，也是厦门市教育基金会让我明白了人最大的价值在于奉献社会，助人育人，也促使我常怀感恩之心，让我积极参与学校组织的各种公益事业和实践活动。除此之外，我还更加认识到了我们党对于国计民生的重视程度，愿意积极投身社会主义现代化建设，听从党的指挥，让生命之花绽放得更加璀璨！

受助于社会各界人士使我心怀感恩，我也希望能够向他们学习，发挥自己的能力，尽力为他人提供帮助。因此，大一刚入校，我就加入了厦门大学学生公益会，并一直在公益会中工作了3年，希望能够将爱心和善意传递下去。在公益会中的工作，不仅锻炼了自身与人交往、与人为善的情操，而且可以尽可能地为寒门学子的生活和学习提供物质和精神上的支持。

我们会在冬天为他们提供棉衣和鞋子，为有需要的同学带去些许温暖；也会征集并购买一些学生们需要的书籍，组织低价换购活动。除了为同学们服务以外，我还积极参加一些社区组织的活动，学习维护社区清洁卫生等，以及积极参加了很多社会志愿服务，比如作为志愿者，为游客们指路参观等。参加了这些活动后，我克服了自己害羞畏缩的心理，也让我在与陌生人的接触中多了一份自信，也新添了一份自如。尽管在各种服务过程中也会遇到许多的挫折，但也正是因为有了这些经历，我更加珍惜各位爱心人士的支持和爱护，也更加坚定了继续为他人服务的信念。这些志愿活动也让我明白，贫困并不可耻，它只是成功路上的一些小小的坎坷。而成长中的一些风雨是必要的，阳光总会在风雨之后出现。

我们能够有如今的平静安宁的学习和生活环境，离不开我们党和国家对贫困学子的关注和关爱。为了更好的了解我们党为人民谋幸福的初心和使命，我在大二的暑假参加了厦门大学“青马工程”井冈山暑期社会实践。

通过老师们对于井冈山革命根据地的初创时期到全盛时期再到曲折发展以及后期斗争的讲解，我们更加深刻地了解，中国共产党在领导中国人民进行革命的道路中，面对的是十分严峻的局面。我们党始终密切关注民生问题，而贫困问题就是一项重大的民生问题。2020 年新冠疫情汹涌来袭，党和国家仍然完成了脱贫攻坚的艰巨任务，让我们这些家境清贫的孩子摆脱贫困，能够全身心地投入到学习中去，用自己的力量奉献社会。

（李颖，就读于厦门大学，获得洪氏助学金）

大济济学　大善善心

◎ 邱际民

2016年，由于家庭变故，家母卧病，术后费用高昂，家庭经济颇为拮据。身处远离故土的异乡，生活尤为艰难。幸得厦门市教育基金会对在校大学生进行贫困资助，得以得到陈剑渊王耐助学金，困境舒缓，受益良多，深有感慨。

《礼记·大学篇》有言："大学之道，在明明德，在亲民，在止于至善也。"33年资助困苦学生，圆成百上千贫寒学子的求学之梦，正是《礼记》中所言的大学之道，明德之道，亲民之道。作为受厦门市教育基金会资助的芸芸学子之一，我深切感受到来自社会人士对我学业的那一份助力与援救。"止于至善"，正如厦门大学校训中的这个词汇所言，厦门市教育基金会一直以来所奉行的正是"止于至善"的理念和目标。

一笔笔来之不易的善款，一段段温暖人心的救助，身处于象牙塔内的莘莘学子，至此不再有饱暖之忧，不再有学费之愁，能够重新放下杂念，专心读书，潜心科研，努力成才。

人常言"大医医国"，殊不知"大济济学，大善善心"，济世之大者，资助的是教育，救济的是这个时代这个国家未来的主力，善行之大者，安抚的是贫困者的心灵，激励的是受贫困所限的寒门学子的精神。

青年学子是一个国家的希望和未来，正所谓"少年强，则国强"，只有这个国家更多的青年学子拥有得以成才的机会，使得这个国家的青年学子拥有更加优良的生长土壤，才能使得这个国家未来的发展和壮大有源源不断的人才的流出。而教育正是实现“少年强”以至于实现“国强”的根本所在。然而众所周知，不是每一位正当最美年华的少年都能够平等地拥有获得教育的权利，对于其中大部分的寒门学子而言，教育更像是一种美好梦想的奢侈。家庭经济的拮据，物质条件的匮乏，由此缺失教育而不得成才的寒门学子，更加没有能力在长大后用自己的能力去改变命运，去和他人竞争，而整个国家，也必然缺失了一大批原本能为国家的建设和发展做出卓越贡献的一批人才。因此，“教育兴国”的理念已经深入人心，而教育基金的成立以及党领导的资助政策，正是这一理念的实际诠释。“大济济学”，给的就是我们这样的贫困学子以更好的物质生活条件，给的就是我们这样的贫困学子获得教育的机会，给的就是我们这样的贫困学子通过自身努力改变自己命运的机遇。

医家说：“救人一命，胜造七级浮屠。”医者之道，是治病救人，挽救人的生命于危难之际。而厦门市教育基金会在做的事情，虽不及医者能为救命之善，但是对于像我一样的众多寒门学子而言，这份助学金的救助，救的是命运，是未来。我不知道这些年以来厦门市教育基金会已经资助过多少寒门学子，但是有一点可以肯定，30余年的积累和沉淀，为这样的一份“大济”“大善”沉淀出了一种文化。肯定有在多年前受过资助的学生已经功成名就，也在捐赠自己的财物来接力这样一份善意，肯定有在多年内受过资助的学生已经改变了之前贫困的命运，在祖国的各个岗位上为祖国的发展不断发光发热。这是一种文化，这是一种积淀，这更是对于这个新时代的见证。

（邱际民，就读于厦门大学，获得陈氏助学金，现为北京大学研究生）

恩泽助我行

◎ 李志伟

回顾大学 4 年以来的成长之路，党的阳光沐浴、鼓励与教导是我学习路上克服困难、努力奋斗的强大精神支撑。厦门市教育基金会及社会各界爱心人士的亲切关怀与资助是我面对生活中的困境时的坚实物质保障，是我完成大学学业的强大动力。

我是厦门市翔安区人，家住马巷镇后滨村，生活在一个四口之家中。我的父亲多年前就因视力一级残疾而无法工作，甚至在手术前生活难以自理，术后方才恢复了一定的自理能力。我的母亲文化程度低，没有什么工作技能，只能依靠种菜务农作为经济来源支撑整个家庭。我的奶奶年迈、跛脚且听力残疾，一定程度上需要人来照顾。对于我这样的贫困学生来说，生活给了我太多的不幸，不过幸运的是我身处党的光辉沐浴之下。在党的英明指导与统筹协调之下，政府各个相关部门都制定并落实了针对贫困家庭的各项补助政策。因此我们家受到了来自村委会、计生办、残联部门、民政部门等的帮助，低保、民政补助、残疾人补贴、农村失地补贴等各项补助一个不落、实打实地发放到了我们手中。此举大大缓解了我们家的经济压力，让我切实地感受到了政府的作为以及来自党的阳光。

让我感觉无比幸运的是，在我上大学期间，厦门市教育基金会以及来自社会各界爱心人士每年对我的资助。这笔每年都如期而至的宝贵的助学金让我的大学学习得到了坚实的物质保障。也许对于爱心人士来说这不过是一次微不足道的善举，但是你们的帮助切实地把希望的曙光带到了如我这般的贫寒学子的身边。你们的资助，让我可以完成大学学业，得以尝试用知识来改变命运；你们的义举，让我感受到社会的温暖，让我坚信“侠之大者，为国为民”；你们的鼓励，让我如沐春风，我渴望学习的心亦是倍受感动。面对这一次次的帮助，除了表达感谢之外，我唯有刻苦学习，努力拼搏，在大学这个来之不易的平台上不断提高自身的科学文化素养和思想品德素养。

目前，我已顺利完成学业，即将毕业的我已进入企业进行实习。在工作实践之余，总是能想起你们的援助之手与鼓舞之语，让我对未来充满了期待与动力。希望在未来，能以自己的绵薄之力回报社会，回报党的关怀，将这样的爱心像“奥运圣火”般传递下去。

（李志伟，福建工程学院互联网经贸学院学生，2017 年获得金刚般若慈善功德群资助）

外来务工子女挺直了腰杆

◎ 杨铭锋

我来自吉林省辽源市西安区，生活在一座煤矿附近。母亲就是其中的一名工人，每天忙活一天后，下班都是带着一身黑乎乎的煤灰回家。父亲长年在外打工，很少回家，他们在我上幼儿园中班的时候离婚了，之后我跟母亲生活在一起。

2006 年，我跟随母亲来到了厦门这美丽的城市。小时候母亲没有读书，文化低，找不到好的工作，起先是在电子元件加工厂做流水工，工作时间长，工资低。因长期劳累患上了腰椎间盘突出，每天长时间的工作让她痛苦万分，但她还要坚持骑车来接我上学，母亲的辛苦操劳，让我非常感动和心疼，我为自己的无力深深自责，同时，明白了文化水平的重要性。现在母亲在思明环卫处做环卫工人，为美丽的厦门环境做一点点贡献。

同年，我也成功融入了小学校园生活，开启了厦门学习生活。作为一名外来员工子弟，很幸运能与本地同学享有同等待遇，无论从教育机会还是获得助学等福利，都感受到了厦门市对我们这些外地孩子的关心和培养，及社会公益组织的关怀和爱护，在学校、老师，辅导员帮助下，我成功申请了助学金，减轻了家里的财务负担，让我能无虑地学习。我每年都能评上班上的三好学生，并且在数学竞赛上拿到过二等奖。

2018 年，我成功考上了我的理想大学，同时新的问题出现在了我的面前，那就是大学的高额学费，尽管我也有在假期打零工赚一些钱，但依旧没办法解决这个问题。作为家里的男子汉，看到母亲辛苦工作、逐渐衰老的样子，心里非常不是滋味，就在这个时候，厦门市教育基金会领导及工作人员带着好消息走进了我的家，安排了一个专项助学金——李昭进教育基金，资助了我大学4年学费，让我心中一块沉重的石头落了下来。在成千上万的考生中得到关注，对一直缺乏自信也不善交往的我来说，已经不仅仅是物质上的帮助，同时也是对我学习的激励。认识对教育事业给予关心和重视的企业家们，也让我对未来充满了希望，成功人士的经验一直鼓励着我向前。

紧接着，我加入了“爱心牵手”这个群体，感受到了更多别样的温暖。在市教育基金会潘世建伯伯等人士的组织下，我们这些受助的孩子和众多爱心企业家们聚集在一起，一对一牵手，组成了一个个温馨的大家庭。尽管大家都来自不同的地区与学校，学术专业也不同，但在这里我却产生了一种感觉，这里的每一个人，都是攀登者，即便身处低谷，也不惧天高。尽管理想这座大山十分陡峭，但我也想成为跟我们牵手的老攀登者一样，在未来的某一天登上巅峰，去寻找并伸出双手帮助跟我们一样需要关注的人。

在这里，我要再次郑重地向帮助过我的人说一声：谢谢！你们的帮助，让一个外来务工的孩子挺直了腰杆。

步入大学之后，我接触了许多有趣的新事物，经历了很多难忘的事，加入了学生会进行学生工作，参加舞蹈协会的啦啦操演出、校园运动会、新生篮球赛等。在篮球赛中与班级同学组成的队伍成功拿下院系季军，而啦啦操演出在全校近20个学院中脱颖而出，获得了最佳潜质奖的成绩。同时我也明白了时间的珍贵，我会在接下来的大学生活中不断积累知识，提高自己的专业水平。

一路走来，我时时懂得感恩。感恩母亲，她给我生命，给我一个温暖的家与学习的动力；感恩学校与社会，是学校给我知识，教我成长与上进，社会的热情之手，让我的学习生涯减少后顾之忧，感到人世间的大爱；感恩国家与民族，生活在社会主义新中国，充满着阳光，我们可以有远大的追求。

（杨铭锋，就读于厦门理工学院，获得李昭进助学金）

关爱如源源不断的暖流

◎ 汪紫雯

我出生于安徽省的一个小乡村，那是一个以面朝黄土背靠天的辛苦劳作才能勉强维持生计的地方，这让我深知只有走出大山才能有更光明的未来。在我很小的时候父母便已离婚，从此母亲与父亲断绝了联系。在我 4 岁那年，为了让我得到更好的教育，我的母亲带我来到了厦门，一待便是整整 15 年。在我小学四年级时，我的母亲因意外去世了，从那以后我就跟随姨妈一家生活。

关爱如源源不断的暖流，从小学至今从未断过。小学时单亲家庭的我与母亲便早早地受到了政府的庇佑，那是我们孤独的娘俩在厦门感受到的第一份温情。初中时，厦门市教育基金会就关注着我，给予我补贴。那是我第一次来到基金会的高楼，从大厅到会场，所有的工作人员都温柔地与我们交流。我见到了许许多多像我一般的孩子，激动地上台，手中紧紧地攥住红包里那份热忱的爱。我知道这是社会爱心人士对我们的殷切的期望，他们用爱构筑起我们通往更好未来的桥梁。又是国家助学政策的贯彻与落实，国家助学金的发放陪伴着我在厦门市第十中学度过了辛苦的 3 年高中。

2019 年的夏天，我带着这些年来所有资助背后的期许和对未来的美好憧憬，在高考考场上放手一搏，圆了自己的大学梦，考取华北科技学院。但是大学高昂的学费将我束缚住，我的家庭着实无力承担起这份压力。但我终究是幸运的，社会的庇佑没有停止，我依旧被他们关注着。在那个夏天，孙炳炎助学金和杨英助学金的申请电函通过高中班主任传达给了我，这就犹如黑暗里的光束，让我重新燃起了对大学和未来的希望。

如今我已经升入大二，也已经离开厦门整整一年了，但是厦门的爱依旧在时刻保护和温暖着我，杨英助学金的资助仍旧在延续着。通过大一一年的努力，我也有幸在今年申请上了国家励志奖学金，带着炙热的理想和社会各界的帮助，我在通往未来的道路上走得更加坚定与沉稳，更加有底气。

回首在厦门求学的 12 年，我想深深地表达我的感激之情，我感谢我们强大的国家，感谢国家的助学政策，感谢政府与基金会的关注，感谢所有社会爱心人士的援助。厦门是一个充满人情味的城市，用爱包裹着我们免受贫穷的磨难。我深切感受到社会主义核心价值观不仅仅存在于广告牌上，而且深深烙印在每一个厦门人民的心里，他们和谐，他们博爱，他们包容着所有进城务工人员及随迁子女，让所有人得以在这片土地上发光发亮，成为更好的自己。

（汪紫雯，曾就读于华北科技学院，获得孙炳炎助学金、杨英助学金）

为厦门这座温馨城市而感动

◎ 林紫欣

感谢市委、市政府拨了很多很多钱，为我们外来娃建设一所崭新的云顶学校，使我们能与本地的小朋友同在一片蓝天下，快乐学习，幸福成长。感恩社会各界的爷爷奶奶、叔叔阿姨们，通过厦门市教育基金会，以及关爱联盟平台传递了你们无私的爱，使我们在困境中得到温暖与关爱，看到了希望。

小草，因为阳光的照射，呈现出勃勃生机；鲜花，因为水分的滋养，愈显娇艳、美丽；大树，因为土壤的供给，傲然挺立；我们，因为沐浴着党的阳光而健康成长。所有受到助学的我们，都是怀揣着求学梦想的普通学生，都是从贫困中走来，都走过了一段坎坷的求学路，更亲身经历了在困境中的艰辛和无奈，同时也感受到了逆境中被关怀和帮助的无限温暖。有许许多多鲜活的事例鼓舞着我们继续向前走。

曾有一位叫娜娜的单亲外来娃，早年因没有厦门户口而被拒之门外，一天早上，她扑通一声跪坐在地上，紧抱着妈妈裤腿，哭着说：“妈妈，我好想上学！”妈妈听着流泪了，紧紧地抱着孩子说：“娜娜别哭！妈妈给你找学校好吗？”后来，她们找到了厦门市外来员工子弟学校（我们学校原来的名称）。娜娜上学了，学校减免了所有学费。两年后，娜娜随母亲回老家读书。临走前，还塞给校长两颗核桃，以示感恩。

又有一对外来的双胞胎姐妹，叫君君、巧巧，父亲去世，母亲离家出走。破碎的家庭留下年近七旬的爷爷、奶奶，生活十分困难，一家四口，没钱租房，在小区垃圾坑旁搭盖简易的篷房，靠捡废品维生。最让爷爷奶奶揪心的，是孙女没地方读书！有一天，爷爷实在熬不下去，揣着一张破旧的五十元人民币来外来员工子弟学校找校长。学校收下君君和巧巧，免除了全部学费。也是通过关爱联盟平台，获得社会和爱心企业家的帮助，她们读完了中专，找到了工作，走向新生活，再三感恩社会关爱。

还有一个残疾女孩，因为从小患小儿麻痹症，长年在轮椅上度过。上学那年，妈妈推着轮椅找到外来员工子弟学校。看着母女无助的眼神，校长接纳了这可怜的女孩。学校通过关爱联盟平台，联系了爱心人士和爱心企业的资助，每年为她发放两千元的贫困资助，给她贫困的家庭带来信心和希望。行动不便的她不知在老师和同学的肩膀上倚靠了多少次，流下了多少感动的泪水。在爱的阳光下，她健康成长！2010年，她被评为“全国希望之星”。2011年中考，她以优异的成绩考入松柏中学高中部。现在，她不仅成绩优秀，而且乐观向上，成为学校自强不息的榜样。

这样的例子还很多，回顾一个个感人故事，细数一个个真实的数字，我们由衷为厦门这座温馨城市而感动。虽然，我们这些贫困的学子有过一段艰辛的求学之路，也曾迷茫过，也曾不知所措过，但我们永远都会微笑着、感激着，不会消沉，不会颓废。因为我们明白：贫穷不可怕，可怕的是没有战胜贫困的勇气！况且，还有一大批像刘维灿老奶奶那样的爱心人士，像市关工委、市总工会和市教育基金会、红十字会、侨乡经济促进会等社会团体，以及像外资企业信基置业公司等一批批的爱心企业和企业家，长期以来的关心和帮助。将来我们长大了，一定感恩、励志报国。让爱的火炬永续。

伟大的时代孕育伟大的梦想，在通往振兴中华的伟大梦想之路上，有一群贫困的孩子在为上学梦而努力奋斗，在奋斗中又有一双双大手把他们托起，让梦想一个个变成现实。因为有这么多圆梦天使关怀我们，我们的明天一定会更加美好！

（林紫欣，原云顶学校学生。这是代表基金会资助学生在厦门关爱联盟2013年关爱助学大会上的发言）

不再为读书发愁

◎李　乔

我们外来娃多么想读书。只要有书读，只要能和同龄人一样学习、生活在同一片蓝天下，就是最幸福的人。但是，不少外来工孩子要实现这个愿望既陌生又遥远。如，我的同学马倩倩日夜渴盼着的一个最大愿望——读书。她家很贫穷，妈妈没有了，她们姐弟俩只能靠父亲在外打工赚来的微薄工资，勉强维持一家人的生活，住的是一间阴暗的地下室。交不起学费，她不得不退学，在家跟着年迈的爷爷奶奶捡废品，换点钱作学费、补贴家用。上学的梦破碎了。为此，倩倩伤心透了，就像一棵寒风中摇曳的野草，任凭风吹雨打；就如一叶在茫茫大海中漂浮着的小舟，任凭波浪拍打。她太可怜了！同学们都很难过……

一天傍晚，学校的老师找到了倩倩住的那间地下室。那间地下室不仅阴暗又潮湿，而且里面堆满了白天辛苦捡来的废品，看着小倩倩无助而渴望上学的眼神，老师难过得流下了眼泪。

第二天，老师把倩倩的情况反映给了学校领导，巧的是刚好教育基金会拨下一些助学金，加上学校想办法凑了一部分，学费凑齐了。倩倩回学校读书的愿望实现了，她高兴得连做梦都在笑。像马倩倩这样的同学，在我们学校有很多，这些从各地农村来的家庭经济贫困的同学曾经被交不起学费所困扰，但政府的关心、社会的关爱，使他们放下包袱。近几年来，我们学校许许多多贫困生，在得到政府减免学费政策的同时，还先后得到了来自厦门市教育基金会、侨乡经济促进会、市红十字会、市慈善总会、市外商投资企业协会等单位和社会爱心人士的关心资助，倩倩和我校陈燕燕、陈艳青、张君君、张巧秀、杨桃红等贫困生一样再也不必为学费的事烦恼，为没有书读发愁了。在学校里，倩倩勤奋、自信、能干，成为老师和同学们一致夸奖的好学生。

有爱心的爷爷、奶奶、叔叔、阿姨们，资助的每一分钱都来之不易，是劳动汗水的结晶，浇灌着我们这些弱苗。大爱善举饱含着政府和全社会对我们农民工子女无限的关怀，寄托着每一个爱心人士的美好心愿。等我们长大了，一定会回报关爱、回报社会，接好“爱心”接力棒，让爱心代代相传，让爱的阳光洒满人间。

（李乔，原厦门市外来员工子弟学校的学生，这是代表厦门市教育基金会受助学生在市关爱联盟2010年资助大会上的发言）

感恩化为实际行动

◎王　丹

我来自贵州遵义，家中共五口人。由于在家务农的微薄收入无法维持一家人的生活开支，父母还有哥哥选择外出打工。随后不幸接二连三降临在我们这个本来和谐美满的家庭，2013 年，哥哥因为交通肇事不幸入狱，同时产生的高额赔偿金让我们本不富裕的家庭蒙上了一丝阴影；2014 年 6 月，我不慎跌倒导致腰二椎体骨折，两场手术加重了家庭的负担；2017 年 7 月父亲和表哥在工作中遭受严重车祸，表哥当场死亡，父亲全身多处骨折，脏器出血，所幸经过及时抢救，父亲身体渐渐好转。但是此时一家人的经济来源全靠母亲在外打零工来维持。

当我拿到厦门理工学院录取通知书的时候，内心是充满喜悦而又忐忑不安的。大学 4 年念下来，产生的费用对我们这个命运多舛的家庭是一笔无法承受的开支，因而我产生了不上大学选择打工的念头。还好家人的鼓励和学校在录取通知书里面提及的国家包括学校的各项资助政策给我吃了一颗定心丸。入学之后，学校老师对我嘘寒问暖，关怀备至，学校给予我的“绿色长廊”爱心大礼包免费为我提供了生活用品、医疗保险和生活补助。此外，我还申请上了国家特困助学金，学院也及时为我提供了勤工助学岗位，让我感受到了自己正在被关爱的同时，也让我学会了自力更生。现在我还获得了陈剑渊王耐助学基金的资助。这一切令我感动不已，也让我更加有了学习的动力。

在学校的这段日子，老师、同学们、社会各界爱心人士和我的亲人们为我提供了无私的爱与帮助。这不仅仅是物质上的帮助，更多的是给予了我精神上的鼓舞。我暗中告诉自己，千万不要让身边的人失望。作为一名学生，我现在唯有刻苦学习、积极参加社会公益活动，尽自己的微薄之力回报这个社会。所以，在学校里我认真学习，发奋读书，虽然我现在能做到的还比较有限，但是我相信只要努力，在将来的某一天，很多事情都可以通过自己的努力变得越来越好，也可以通过自己在未来能回报社会，也能去帮助那些需要帮助的孩子们。将我们的感恩化为实际行动，让它形成一种正能量传播下去。

（王丹，就读于厦门理工学院，获得陈氏助学金）

善行善举永远传承

◎ 胡婉婉

2008年元月，在我上初中二年级的时候，爸爸被诊断为胃淋巴癌晚期。我不相信，也不敢相信。爸爸还那么年轻。我不能没有他，妈妈不能没有他，奶奶不能没有他，我们家不能没有他。为了给爸爸治病，妈妈不顾一切，花光了家里本来就不多的积蓄，还借遍了所有亲戚的钱，市里的医院不行就转省城医院，西药不行就熬中药，看着日渐消瘦的爸爸，望着日夜操劳的妈妈，我的心好痛。愿望是美好的，病情却是残酷的，尽管我们做了百分之百的努力，仍然没有留下百分之一的希望。经过半年与疾病的抗争，病魔还是无情地夺走了爸爸年仅39岁的生命。想着白发苍苍的奶奶、下岗多年的妈妈和未满15岁的自己，我顿时感觉生活跌入了万丈深渊，就像一叶扁舟在大海里飘摇，失去了方向，找不到停泊的港湾。

就在我们全家感到孤独无助的时候，是爸爸单位的领导给予我们极大的关爱，特别招聘妈妈成为一名农电员工，生活才有了基本保障。一边感受着组织的关爱，一边体会到母亲的艰辛，我化悲痛为力量，一直努力地学习，终于圆了考取厦门大学的梦想，2012年7月，我被厦门大学艺术学院音乐系录取。然而，面临高额的学费和欠下的11万元医疗债务，家里再次陷入困境。一想到可能要放弃钟爱的扬琴学习，我就痛苦万分，心里有太多太多的不舍，我多么希望自己能走入梦想的殿堂，能用美妙动听的音乐来表达我的无限感激和对生活的热爱，实现理想，回报社会，回报所有关爱我的人们。

当我知道申请的厦门市教育基金会陈剑渊王耐助学金审批通过时，我感激不已。国家没有放弃我们，社会没有放弃我们，学校没有放弃我们。在我需要帮助时，是国家、社会、学校扶起了我，我拍拍身上沾满的灰尘，大步继续前行。贫穷并不可怕，可怕的是我们丧失了斗志，丧失了前进的动力。作为受助于陈剑渊王耐助学金的大学生，我们更应该珍惜这份来之不易的机会，因为我们的大学生活，倾注了太多人的关怀与期盼。我们要以最优秀的成绩来回报那些关爱过我们的人，决不能辜负他们的殷切期望。我们要怀着感恩的心，努力学习，好好生活，在大学这个舞台上充分展示自己，充实自己，最终成长为一个对国家、对社会有贡献的人。

在学校励志、诚信、感恩、担当教育的引导下，我积极投身公益活动和志愿服务活动，积极参加学校社团活动，加入音乐理事会和学院学生会；去敬老院看望孤寡老人、给四川阿坝学生寄去御寒衣物、为不相识的残疾人提供帮助……相信我们的明天会更美好。我要成为满怀爱心的人，用自己的实际行动来回报父母、回报厦大、回报社会、回报国家。肩负爱心传递的重责，我将坚定不移地走爱心传递之路，努力付出，让这种善行善举永远传承下去。

（胡婉婉，厦门大学艺术学院音乐系2012级的学生。这是在2013年陈氏助学金颁发会上的发言）

第六部分

我越过不平凡的2020

◎ 沈雅芝

2020注定是不平凡的一年，经历了重大变故的中国，如今渐渐复苏，我们能有如今安乐的生活，离不开国家精准有力的宏观调控，党的坚实领导，以及人民的不懈奋斗。在这里，我们必须向国家致以诚挚的感谢，因为国家的不离不弃，以及对人民的重视，每个人的生命直到最后一刻都未被抛弃，也正是如此，疫情的控制也越来越好，我们的生活也渐渐恢复了正常的秩序。

本应平静的一年因为突如其来的疫情而变得破碎，2020年的高考也变得让人更加惶恐不安，因为疫情，我不能够按时返校；因为疫情，每天都活在担忧之中；因为疫情，2020年高考时间推迟了。不断上涨的感染者人数与日历上不断减少的距离高考所剩的天数，都让我无法平静。在家复习难以自律，效率大降，有问题无法请教老师同学，这应该不是我一个人的困惑。但这又能怎样呢，除了等待疫情的好转，为逝者祈祷，并刻苦发奋，我们别无他法。就这样，在家学习的日子虽然煎熬难耐，但最终我挺了过去，迎来了复学的那一天，而在家中学习的日子里，我也时时关注着疫情，当感染者的新增人数越来越少，治愈率越来越高，我的心也渐渐平复。

因为疫情使得高考推迟一个月，这种变故带给我的是不安，但重归校园后，再一次见到了老师，见到了同学，能和他们在一个教室里奋斗，那份面对高考的热情又被点燃。最终，我成功度过了高考，以530的分数考上武汉纺织大学，开始了我的大学生活。

虽然跨过了高考的门槛，但由于家庭贫困的原因，上大学所需的费用也成为一份压力。幸运的是，“海峡连三峡”的爱心助学活动向我伸出了援助之手，帮助我顺利进入大学。这个过程中，厦门市遵照中央精神，对口支援宜昌，厦门市教育基金会闻风而动，为宜昌地区贫困学子提供经济帮助。通过这份来之不易的助学金，我更加明白大学的珍贵，但这些金钱只是暂时的帮助，真正能够解决根本的问题，是要学习知识，掌握技能，抓住带来幸福的“鱼竿”，而不是成为一只寄生虫，吸附在他人的身上。助学金的金额是有限的，如果我浑浑噩噩度过大学四年，那么它的价值只能停留在“学费”上，但如果我珍惜大学时光，努力发奋，那么这笔钱将会产生无限的意义，它将会拯救一位青少年的心。

一路走来，我们得到了许多温柔的帮助，还躺在国家的怀里，享受着国家的爱护，但迟早有一天，我们将踏入这个社会，承担起为国家为人民奋斗的责任，所以今天的我们，也要全力以赴，为美好的将来夯实基础。

（沈雅芝，宜昌当阳第一高级中学2020届高中毕业生，厦门市教育基金会2020年资助的宜昌学生，现在就读于武汉纺织大学）

疫情之后　晴天依旧

◎ 黎颐圆

当我此时漫步在校园里，不由想起了去年疫情开始的时候，想起了那个灰暗的新年里，无数人用毅力与勇敢，担当甚至是生命所点亮的希望之光。

我不知道该怎么形容那时我对疫情的恐惧，那时寒假的第一天蹦蹦跳跳出去玩，三分之二的人戴上了口罩，从某一天开始，感染人数开始增多，早上到晚上的短短 12 个小时，死亡人数便翻了倍，就连我生活的那个小镇里也贴满了关于新冠疫情的公告。

然而，在党中央的领导下，疫情在三月就得到了有效的控制。这是一个奇迹！是国家带来的奇迹，我见证了奇迹，并被奇迹所改变。七月的高考又是一个奇迹，我迈入了大学的殿堂。

2020 年从阴天开始，却一路都遇见阳光，在我正愁大学学费问题时，“海峡连三峡，宜鹭爱相随”活动给了我莫大的支持，来自厦门的爱心人士对口支援宜昌，而我也是被选中的一位。没有太多的手续，也不用跑东问西，我获得厦门市教育基金会 6000 元的资助，感受到了 1267 公里以外的深切的关怀。我并非一个很优秀的学生，只不过只考上了一个小小的二本。明明只是如此渺小的一个人，却还是有人能够注意到我，支持我，圆我的大学梦。

一路走来，其实要感谢的人很多。从呱呱坠地便引导我前行的父母，宠爱我更胜过自己孩子的爷爷奶奶，教我做人和知识的老师，一起迈步使前行之路不再孤单的朋友，以及社会各界对我抱着期望的爱心人士。每每想到有人看着我，鼓舞我前行，胆怯自卑的我，便又会迸发出勇气，勇敢走向未来。即便生活没有想象的那么美好，但手中握住的资助款是实实在在的，所受到的关怀也是真真切切的，让我真正感受到自己被人关照着，爱护着，支持着。

生在中国，感到荣幸，即使是严重的疫情也被大家齐心协力地击退，即使是难以攻克的贫穷，也在党的领导下和社会各界的支持下逐渐消除，即使是素不相识的厦门朋友也乐意提供援助宜昌的贫困学子，即便是我这样渺小的人，也能在大学的教室里和同学们侃侃而谈，也能和大学的朋友们享受可口的饭菜，使用好看的文具，穿上漂亮的衣服。

（黎颐圆，宜都市第二中学2020届高中毕业生，厦门市教育基金会2020年资助的宜昌学生，现在就读于黄冈师范学院）

山河有恙，真情无疆

◎ 端木媛靖

疫情来临时，高三的我们刚刚放寒假，携带着憧憬和终于有时间放松的喜悦一同归家，等待新年的钟声敲响之时，却发现大街上早已空荡荡，店铺纷纷停业。新冠可怖的蔓延速度让全国人民揪心，更让正处在疫情重灾区的湖北人民提心吊胆。高三的寒假格外长，我们听起了网课，老师们无奈成为“主播”。那段时间好像一切都停止了运转，窗外嬉闹声按了暂停键，但看着央视新闻的每日更新数据，又清楚地感觉到中国惊人的凝聚力，中国共产党强大的领导能力。疫情限制了我们的出行，可暖暖的真情却通过电子屏幕传递到我们心里，孕育着无限的爱与希望。

2020年不是平凡的一年，它是我的高考年，是我十八岁成人年，是我第一次真切了解到广大青年的魄力与担当的一年。我曾听人说2020届高考生运气不大好，赶上疫情，耽误了学业。我对此有部分认同，三个多月的网课让我这样不自律的人跌落。但也不缺自律勤奋的同学兢兢业业，一鸣惊人。对此我的确有些遗憾，没能达到自己的目标，与理想学府相去甚远，更是错失自己喜爱的专业。高考成绩出来后我曾假设过很多种可能性，如果没有疫情，如果自己能更认真一点，如果……可惜没有如果。

没有一个冬天不可跨越，没有一个春天不会来临。在湖北遭遇危机之时，全国各地迅速联结为一体，身为宜昌的高三学子，我在高考结束后的暑假，收到了来自厦门爱心助学的帮助，厦门市教育基金会给予6000元的资助金，让我能够顺利地进入大学。鲁迅曾经说过，能做事的做事，能发声的发声。有一分热，发一分光。就如萤火一般，也可以在黑暗里发一点光，不必等候炬火。我身为一名接受了爱心资助的大学生，虽然眼下并没有足够的能力去为国家做出什么贡献，但也会严格遵循疫情防控要求。

在 2021 年寒假放假之际，我在一月一日自河北归家后，开始了 14 天的集中隔离。在那 14 天中，我时时刻刻关注着石家庄的信息，受厦门爱心助学的影响，开始尽自己所能为河北献出一份爱心，力虽微薄，只愿河北早日渡过难关，也是想把这份相互帮助的情谊不断传递下去，希望我毕业之后，也能成为像爱心助学行动里的那些哥哥姐姐一样的人。

病毒从武汉到全国，强有力的支援从全国到武汉。我们正在以星星之火可以燎原之势一步步覆灭和瓦解病毒的一波波攻势。上下同欲者胜，伟大而坚强的中国人民正在从抗击疫情的局部胜利走向全面胜利。眼下虽然河北陷入危机，但我始终相信凛冬散去，星河长明。我始终坚信，传染病患者是可以被拯救的，相信其他国家也在努力地去拯救那些得传染病的人，相信最后都会战胜疫情，迎来曙光。

（端木媛靖，宜昌长阳第一高级中学 2020 届高中毕业生，厦门市教育基金会 2020 年资助的宜昌学生，现在就读于河北工程大学）

送走冬风寒

◎文　鑫

我深藏在小山村中，隔着近在咫尺的屏幕看着千百里之外的疫情一线。蜷缩在这暂且安全的一隅，每日都能听到广播定时播送最新消息，还有夹着浓厚方言的谆谆劝诫；村干部驾着小摩托，挨家挨户在门口持续播放广播；志愿者们全副武装，携带消毒物品挨家挨户消毒处理、排查可疑人员。而我，借着村委会的电脑，继续缩在一方空间与另一端的教师同学共享网络。

随着各个地方的医护人员、志愿服务者、广大基层干部在一线奋战，中共中央、各大企业不计成本投入资金、劳力，四个月后，疫情暂且稳定。我们得以安心地回到校园，尽管口罩遮面，也依然难掩笑容。作为目前仅有的一批“网课战高考”的高三学子，能否回到校园参加高考，在疫情最为肆虐的那些日子里，这些想法无异于天方夜谭。层层管制、关关严把之下的高考，延期一个月而至。第一天下着的小雨，让七月的闷热顿时消失殆尽；第二天的阳光也不如平日毒辣。我坐在明亮的教室，穿着浅蓝的校服，带着蓝色的口罩，靠着木黄色的桌子，携着平静的内心，写下一个个深黑色的字。随着一遍又一遍的考场提示音，我走出这所高中，挥别我的母校。

家中近半年没有收入来源，父母一边忙着帮我们斟酌志愿，一边去想着入学的费用。我对此竟也一筹莫展。就在这时，我收到班主任的消息：厦门将遵照中央精神，对口支援宜昌，资助数名贫困学子，保证顺利进入大学。一开始我对此并不抱有强烈希望，只是按照申请要求去整理了一下资料。当我进入校园后，却真的收到了资助善款。出乎意料，唯有感叹。

就这样我正式开始了大学生涯。

犹记，去年今日，国外骂声一片，纷纷以人权为由指责中国式封城管理；再看，今年今时，国外仍旧骂声一片，纷纷埋怨本国的放任式处理即为失职。两幅形同而意不同的画面，正是两种不同处置态度的折射。

此年春节又将至，愿“最是一年春好处，绝胜烟柳满皇都”，送走冬风寒，迎来春意暖。

（文鑫，宜昌葛洲坝中学2020届高中毕业生，厦门市教育基金会2020年资助的宜昌学生，现就读于武汉理工大学）

词两首

◎ 柳文鸷

汉宫春

时值中国共产党成立一百周年，忆百年风雨，看当今盛世，予怀浩然，遂填《汉宫春》以颂之。

庚子罹难，又军阀割战，旧势顽生。俄邦十月炮响，五四方兴。仁人志士，到红船、引聚豪英。从此处、赤旗如火，神州寥野繁星。

回望百年风雨，纵内忧外患，意气长青。迩来鹏飞鱼跃，万里征程。而今盛世，须砥砺、不忘深情。当我辈、许身效国，丹心不为留名。

满庭芳

余寒窗苦读十余载，是年，终得出头日。然家徒四壁，学费之高，非余所能受耳。方踯躅，厦门教育基金会资余，此犹雪中送炭，暗室逢灯也。因填《满庭芳》以答之，兼自勉当勤学以报之。

白鹭翩飞，金梅芳馥，九州麟凤承平。钟山有玉，踌躇正堪呈。不幸时逢困窘，徒四壁、餐冷嚼冰。方长叹，幸君送予，暗室一灯明。

少当存大志，山高路远，无畏行征。意难言，平生谨记恩情。还道殷忧启圣，长风起、更展鲲鹏。乘南望，东坪山上，簕杜鹃盈盈。

（柳文鸷，宜昌枝江市第一高级中学2020届高中毕业生，厦门市教育基金会2020年资助的宜昌学生，现在就读于湖北大学）